Feldmarschall Pappenheim

und das kaiserlich-ligistische Heerwesen
in der ersten Hälfte des Dreißigjährigen Krieges

ZEUGHAUS VERLAG GmbH

*„Gleich wie der Krieg dem Glück,
das Glück aber einer Wagh verglichen wirdt:
Alßo ist die Victoria anderß nichts, als ein überschlag der Wag,
wan nehmlich eine Partei die andere überwindet und überwiget,
daß sie gleichsam hinschlüpf, wo sie will:
darauf das Schanke und zweifelhafte aequilibrium
(worin allein die gefahr steckhet) uffhört,
daß graue in suo centro verbleibet
und das Endt des Khriegs die ruhe und der fridten stabilirt seindt."*

*Gottfried Heinrich Graf zu Pappenheim
an Hannibal zu Kerleberg
28. Juli 1631*

Ich möchte an dieser Stelle Sascha Lunyakov für die gelungenen Illustrationen und die unkomplizierte Zusammenarbeit danken. Gedankt sei auch dem Zeughaus-Verlag und insbesondere Stefan Müller, der aus einem einfachen Text ein optisch ansprechendes Buch geschaffen hat.

Mein besonderer Dank gilt meiner Freundin Judith Heide für ihre Geduld bei all meinen spätabendlichen Schreibsitzungen, die Kraft, die sie mir für jedes neues Projekt gibt und die Motivation für jede neue Idee. Ihr ist dieses Buch gewidmet.

Alexander Querengässer

Autor : Alexander Querengässer
Zeichnungen: Sascha Lunyakov

Layout & Lektorat: Stefan Müller
Bildbearbeitung: Konstantin Müller

Herausgeber: Zeughaus Verlag GmbH
Knesebeckstr. 88
10623 Berlin

Telefon: 030/315 700 30
Fax: 030/315 700 77
Email: info@zeughausverlag.de
Internet: www.zeughausverlag.de

Printed in European Union

Bibliografische Informationen der Deutschen Bibliothek
Die Deutsche Bibliothek verzeichnet diese Publikation in der Deutschen Nationalbibliografie; detaillierte bibliografische Daten sind im Internet über http://dnb.ddb.de abrufbar.

ISBN: 978-3-938447-77-2

Titelbild:
Gottfried Heinrich zu Pappenheim
und ein Fähnrich eines bayerischen Regimentes

INHALT

Zeittafel

1594	29.05./08.06. Gottfried Heinrich zu Pappenheim kommt in Treuchtlingen zur Welt
	09./19.12. Gustav II. Adolf kommt in Stockholm zur Welt
1600	18.06. Tod des Vaters Veit zu Pappenheim
1604	Pappenheim wird an der Universität Ingolstadt immatrikuliert
1607	Pappenheim wird Student in Tübingen
1608	In Auhausen wird die Protestantische Union gegründet
1609	Unter Führung Maximilian I. von Bayern wird die Katholische Liga als Gegengewicht zur Protestantischen Union ins Leben gerufen
1610	Pappenheim wird Student in Altdorf
1616	Pappenheim konvertiert zum katholischen Glauben
1617	Pappenheim wird kaiserlicher Reichshofrat
1618	23.05. Mit dem Prager Fenstersturz beginnt der Dreißigjährige Krieg
	Pappenheim heiratet Anna Ludomilla Baronesse von Kolowrat-Novohradsky, Geburt des einzigen Sohnes Wolf Adam
1619	Ferdinand II. wird Kaiser des Heiligen Römischen Reiches Deutscher Nation
	Pappenheim wird Rittmeister einer Doppelkompanie Kürassiere im Dienste der Katholischen Liga
1620	08.11. Schlacht am Weißen Berg. Sieg der Liga und des Kaisers über die böhmischen Aufständischen. Pappenheim wird schwer verwundet.
1622	Pappenheim kämpft unter Tilly am Rhein und tut sich als Kavallerieführer hervor
1623	Auf dem Reichstag zu Regensburg wird Pappenheim rückwirkend zum Oberst ernannt.
1625/26	Pappenheim kämpft in spanischen Diensten im Veltlinkrieg
1626	Zurück in Diensten der Liga schlägt Pappenheim den oberösterreichischen Bauernaufstand nieder
1627	Pappenheims erste Frau stirbt
	Pappenheim nimmt an den Feldzügen Tillys im Niedersächsischen teil und belagert erfolgreich Wolfenbüttel
1628	Pappenheim wird in den Reichsgrafenstand erhoben
1629	05.01. Pappenheim wird General der Artillerie
	Zweite Heirat mit Anna Elisabeth von Oettingen-Oettingen
1630	30.07. Gustav II. Adolf landet in Pommern und greift in den Dreißigjährigen Krieg ein
	November. Pappenheim wird Feldmarschall der Liga
	Dezember. Pappenheim beginnt im Winter mit der Belagerung Magdeburgs
1631	08.05. Pappenheim wird kaiserlicher Feldmarschall
	21.05. Sturm und Zerstörung Magdeburgs, an der Pappenheim teilweise die Schuld gegeben wird
	17.09. Schlacht bei Breitenfeld. Gustav II. Adolf besiegt die kaiserlich-ligistische Armee unter Tilly. Pappenheim trägt einen großen Anteil an der Niederlage
	Ab Oktober führt Pappenheim ein eigenes Korps im Niedersächsischen Kreis
1632	Im Frühjahr führt Pappenheim mehrere Feldzüge gegen hessische, braunschweigische und schwedische Truppen
	Juli/August. Pappenheim beteiligt sich an einem spanischen Entsatzversuch der Stadt Maastricht
	17.08. Ein Angriff Pappenheims auf das niederländische Belagerungskorps wird abgeschlagen, er selbst verwundet. Pappenheim zieht sich über den Rhein zurück
	Juli-September. Die schwedische Armee Gustav II. Adolfs wird von der kaiserlichen Armee unter Wallenstein bei Nürnberg belagert
	03.09. Schlacht an der Alten Veste. Wallenstein kann einen Ausbruchversuch Gustav II. Adolfs abwehren
	Gustav II. Adolf zieht Wallenstein hinterher nach Sachsen
	06./16.11. Schlacht bei Lützen. Tod Pappenheims und Gustav II. Adolf
1633	Beisetzung Pappenheims im Kloster Strahov bei Prag
1647	Wolf Adam zu Pappenheim stirbt an den Folgen einer Duellverletzung

FELDMARSCHALL PAPPENHEIM

Jugendjahre

Pappenheim und Pappenheimer

Im Süden Deutschlands schlängelt sich die kleine Altmühl von der Oberpfalz nach Oberbayern, wo sie schließlich in die Donau mündet. Bevor das Flüsschen die alte Hochstiftsstadt Eichstädt erreicht, windet es sich um einen Felsen, der schon seit Urzeiten besiedelt war. Im Frühmittelalter, um 750 herum, lassen sich hier bereits germanisch-deutsche Ortschaften nachweisen. Im Jahr 802 wurde *„Papinhaim"* erstmals urkundlich erwähnt. Mehrere Befestigungsanlagen entstanden in der Folgezeit, von denen aber keine die Zeiten überdauerte. Erst zur Stauferzeit wurde eine moderne steinerne Burg auf einem Felssporn errichtet, den die Altmühl von drei Seiten umgibt. Das sich hier ansiedelnde Ministerialengeschlecht der Calatine übernahm die Burg zunächst als Allod, später als erbliches Lehen. Die Calatine trugen den Titel eines Reichserbmarschalls, sowie Reichsforst- und Jägermeister und nannten sich nun *„von Pappenheim"*. Unter ihnen blühte auch die im 13. Jahrhundert begründete Stadt und wurde ein regionales Kleinod.[1]

Wie so viele adlige Familien spalteten sich auch die Pappenheimer im Laufe der Zeit in mehrere Seitenlinien auf. Daher wurde beschlossen das Amt des Erbmarschalls der Stammlinie, den sogenannten Treuchtlingern, zu überlassen. Ein Nachkomme dieser Linie war Marschall Veit zu Pappenheim. Er hatte das Glück, dass sein älterer Bruder unvermählt und kinderlos starb, sodass er das angesehene Erbe nach und nach antreten konnte. Veit war ein den Maßstäben seiner Zeit nach aufgeklärter Adliger. Er hatte studiert und beschäftigte sich mit den modernen Wissenschaften, wozu damals auch die Astrologie zählte.[2]

Veit bekannte sich nach dem Erlass des Augsburger Religionsfrieden noch 1555 zum lutheranischen Glauben. Seine erste Frau war Regina von Kreuth zu Strauß, die er 1556 ehelichte. Sie brachte ihm sechs Kinder zur Welt, die alle jung verstarben. 1592 folgte die unglückliche Mutter.[3]

Der erbenlose Pappenheim entschloss sich mit 58 Jahren zur erneuten Heirat. Seine zweite Frau Maria Salome stammte aus dem im süddeutschen Raum ebenfalls sehr geachteten Haus der Preysings. Sie war dem römisch-katholischen Glauben treu geblieben und hatte ihrem zukünftigen Gatten einen Ehevertrag abgerungen, der ihr die freie Ausübung des eigenen Glaubens garantieren sollte.[4]

Der astrologieversessene Pappenheim war seinen Sternen sehr dankbar, als ihm Maria Salome am 8. Juni (29. Mai nach dem alten julianischen Kalender) einen Sohn schenkte. Angeblich hatte der Säugling über den Augen ein Muttermal, zwei feine sich kreuzende rote Linien, die sein Vater als Schwerter (wie jene im Familienwappen) und Symbol für zukünftigen Kriegsruhm deutete. Das Mal verschwand mit der Zeit.[5]

1 Vgl.: Stadler: Pappenheim, S. 23; Binder: Pappenheim, S. 1-2; Heß: Pappenheim, S. 8.

2 Vgl.: Binder: Pappenheim, S. 6-7.

3 Vgl.: Schwackenhofer: Die Reichserbmarschälle, S. 174-176; Stadler: Pappenheim, S. 22-23.

4 Vgl.: Stadler: Pappenheim, S. 22-23.

5 Vgl.: Binder: Pappenheim, S. 7-8; Heß: Pappenheim, S. 9.

Der Junge wurde auf den Namen Gottfried Heinrich getauft. Als in religiösen Dingen toleranter Mann erlaubte Veit es seiner Frau, dass auch ein Katholik als Taufpate auftreten konnte. In schneller Folge erhielt der junge Pappenheim vier Geschwister, die zur Freude des Vaters nicht im Kindbett verstarben: Anna Benigna (1596–1678), Maria Magdalena (1597–1632), Philipp Ludwig (1598–1615) und Maria Gertraud (1599–1675).[6]

Leider war es dem alten Veit nicht vergönnt diese Kinder groß werden zu sehen. Er verstarb am 8. Juni 1600 bei Memmingen.[7] Obwohl die Nachkommen nach Willen des Vaters alle im Geiste Luthers erzogen werden sollten, versuchte Maria Salome nun, sie in den Schoß der heiligen römisch-katholischen Kirche zurückzuführen.[8] Dieses Vorhaben erübrigte sich jedoch durch die schnell geschlossene zweite Vermählung der Preysingtochter. Der neue Auserwählte, Adam Graf von Herberstorff, war ebenfalls bekennender Lutheraner und entschloss sich die angeheirateten Kinder zu guten Protestanten zu erziehen.[9]

Studentenjahre

Entgegen seinem kriegerischen Horoskops wandelte Gottfried Heinrich zunächst in den eher akademischen Fußstapfen seines Vaters. Er galt als eifriger Student der Familienbibliothek. Schon in jungen Jahren soll er sich eine feine Handschrift angeeignet und intensiv fremde Sprachen studiert haben. Die Eltern schickten ihn daher bereits mit 14 - was damals durchaus nicht unüblich war - an die Universität, um sich in eine philosophische Fakultät einzuschreiben. Er kam 1608 nach Altdorf,[10] wo acht Jahre zuvor ein junger Herr aus dem Osten Böhmens durch sein wildes Studentenleben unangenehm aufgefallen war: Albrecht Eusebius von Waldstein.[11] Pappenheim galt dagegen als strebsamer und vorbildlicher Student und wurde schon 1610[12] (andere behaupten 1609[13]) zum Rector Magnificus gewählt. Zu dieser Ehre trug sein hoher Name sicherlich ebenso bei, wie seine Wissbegier.

1610 wechselte Pappenheim von Altdorf an die angesehenere Universität von Tübingen.[14] Ein Studium zu dieser Zeit war nicht zwingend mit der Erlangung eines Titels beendet. Es ist nicht bekannt, dass Pappenheim den niederen Bachalorus, oder gar den höheren Magister erlangte. Trotzdem war seine akademische Bildung zweifelsohne umfangreicher, als die eines durchschnittlichen Adligen zu dieser Zeit. Auf Tübingen folgte eine Reise durch das westliche Europa, die moderne Welt: Frankreich, in dem Heinrich IV. die Macht des Königtums zu festigen versuchte; die Niederlande, nach ihrem Abfall von Spanien wirtschaftliches und kulturelles Zentrum des Kontinents, welches eine nördlich der Alpen nie gesehene Blüte erlebte; England, dessen Königtum durch religiöse Wirren im Niedergang begriffen war; Spanien, jener globalen Supermacht, deren Stärke von lateinamerikanischem Silber aufrecht erhalten wurde und die in allen bedeutenden politischen Fragen ein gewichtiges Wort mitreden konnte und schließlich Italien, Hollands kulturelles Gegenstück am

6 Vgl.: Schwackenhofer: Die Reichserbmarschälle, S. 175; Stadler: Pappenheim, S. 25.

7 Vgl.: Stadler: Pappenheim, S. 25-26.

8 Vgl.: Stadler: Pappenheim, S. 26.

9 Vgl.: Stadler: Pappenheim, S. 27-29.

10 Vgl.: Binder: Pappenheim, S. 11; Heß: Pappenheim, S. 10.

11 Vgl.: Mann: Wallenstein, S. 28-36.

12 Vgl.: Binder: Pappenheim, S. 11-12.

13 Vgl.: Heß: Pappenheim, S. 10.

14 Vgl.: Binder: Pappenheim, S. 12-15; Heß: Pappenheim, S. 10.

Ein Kürassieroffizier zu Beginn des Dreißigjährigen Krieges

Er trägt einen geschwärzten Dreiviertelharnisch mit Spangenhelm.

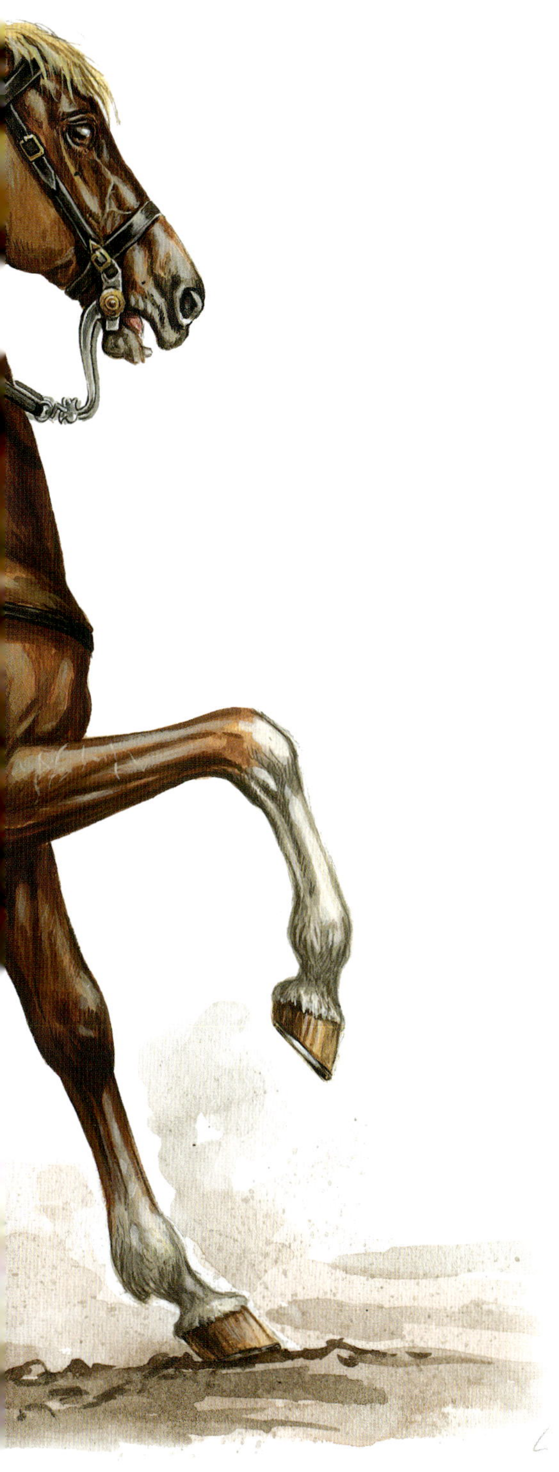

Mittelmeer.[15] Ein rauflustiges Gemüt Pappenheims lässt sich schon für diese Zeit belegen. In Madrid soll der junge Kavalier sich gleich mit vier spanischen Edelleuten duelliert haben. Zwei stach er mit seinem Degen nieder, einen weiteren schlug er zu Boden und der vierte ergriff die Flucht. So lautet zumindest die Legende.[16]

Nach seiner Rückkehr 1616 entsagte Pappenheim mit 22 Jahren dem Glauben seines Vaters und bekannte sich zur Freude seiner Mutter zur katholischen Kirche. Die Gründe dafür sind nicht leicht zu ermitteln. Der Einfluss der Mutter darf weder unter- noch überschätzt werden. Immerhin war auch der Stiefvater in der Zwischenzeit konvertiert. Politische Gründe werden ihre Rolle gespielt haben. Auch mochten die kulturellen Eindrücke, die Pappenheim aus katholischen Hochburgen, wie Madrid und Rom mit ihren überbordenden Kunstschätzen und den prachtvollen Kirchen mit genommen hatte, ihn beeinflusst haben.[17]

Im gleichen Jahr besuchte er den kaiserlichen Hof, der langsam aber spürbar von der Goldenen Stadt Prag zum Goldenen Apfel nach Wien abwanderte. Hier fiel der gut gebaute Jüngling durch seine Bildung, Sprachgewandtheit und Kenntnis der westlichen Welt so sehr auf, dass ihn Kaiser Mathias I. 1617 zum Reichshofrat ernannte.[18]

Erste Ehe

Durch die Zeit am Prager Hof wurde Pappenheim auch mit Ludmilla von Kolowrat-Novohradsky bekannt, die er 1618 heiratete. Sie brachte ihm im gleichen Jahr den Sohn Wolfgang Adam zur Welt. Es sollte Pappenheims einziger männlicher Nachkomme sein.[19] Zur Taufe lud der Vater hohe Gäste ein: den Prior des Klosters Rebdorf, den Bischof von Eichstätt und den Pfalzgrafen Wolf Wilhelm. Letzterer und Pappenheims Stiefvater dienten als Namenspaten.[20]

Der Sohn sollte ganz nach dem Vater kommen. Pappenheim kümmerte sich frühzeitig darum, dass Wolfgang Adam Sprachen erlernte. Später würde er ihm auch in die Armee folgen und von Maximilian von Bayern ein eigenes Kavallerieregiment erhalten.[21]

Vorerst war die Geburt eines erbberechtigen Sohnes auch ein Garant dafür, dass die zu Pappenheim in seiner Grafschaft durchgeführte Gegenreformation dauerhaft Bestand haben würde.[22] 1619 brachte Ludmilla dann noch eine Tochter zur Welt, Magdalena Elisabeth, die jedoch bereits am 23. Oktober 1620 im Kindbett starb.[23]

Fern des fränkischen Familienidylls kündigten sich jedoch gewichtige politische Veränderungen an. In Prag war am 29. Juni 1617 der Erzherzog der Steiermark, Ferdinand, zum böhmischen König gekrönt worden. Für ihn erwies sich der böhmische Thron nur als ein erster Schritt zur Übernahme des Erbe seines kinderlosen Vetters, des Kaiser Mathias.

---

15 *Vgl.: Stadler: Pappenheim , S. 34; Binder: Pappenheim, S. 15; Heß: Pappenheim, S. 10.*

16 *Vgl.: Wittich: Pappenheim, S. 145.*

17 *Vgl.: Stadler: Pappenheim , S. 37-42 nennt 1616; Heß: Pappenheim, S. 10-11 und Wittich: Pappenheim, S. 145 1614 als Jahr des Religionswechsels.*

18 *Vgl.: Stadler: Pappenheim , S. 44-45; Binder: Pappenheim, S. 15-16; Heß: Pappenheim, S. 10.*

19 *Vgl.: Binder: Pappenheim, S. 16.*

20 *Vgl.: Stadler: Pappenheim, S. 57-58.*

21 *Vgl.: Binder: Pappenheim, S. 72.*

22 *Vgl.: Stadler: Pappenheim, S. 57-64.*

23 *Vgl.: Stadler: Pappenheim, S. 91.*

Der Prager Fenstersturz

Am 23. Mai 1618 verschafften sich die empörten protestantischen Stände Böhmens Zugang zur Prager Burg. Sie drangen in die Amtsräume der königlichen Staathalter ein und warfen diese nach kurzer Gegenwehr aus dem Fenster.[24]

Der berühmte zweite Prager Fenstersturz (der erste hatte 1419 die Hussitenkriege ausgelöst) war der Beginn des Böhmischen Ständeaufstandes. Die Rebellen warfen ihrem König Ferdinand vor die Religionsfreiheit zu unterwandern, welche ihnen noch 1609 durch einen Majestätsbrief von Kaiser Rudolf II. verbürgt worden war. Tatsächlich unterstützte Ferdinand als überzeugter Katholik die Gegenreformation im Land intensiv und versuchte die Rechte des Adels zu beschneiden.[25]

Nach der Defenestration, die für die Statthalter glimpflich ablief, da sie in einem Misthaufen landeten, bildeten die Aufständischen eine provisorische Regierung in Form eines Direktoriums. Aus der religiösen Frage entwickelte sich eine politische. Böhmen war ein Wahlkönigtum. Doch die Habsburger hatten den Akt der Wahl in den letzten Jahren zu einer bürokratischen Bagatelle heruntergespielt und sahen das Land selbstverständlich als Teil ihrer Erblande an. Dieses Verständnis stellten die Rebellen nun in Frage. Sie bereiteten eine Absetzungserklärung für Ferdinand vor und wollten einen neuen König wählen. Um ihre Unabhängigkeit abzusichern, sollte eine starke Armee aufgestellt werden, die dem Grafen Mathias Thurn, einem absoluten militärischen Laien, anvertraut wurde. Über organisatorische Fragen dieser Art verging das Jahr 1618, ohne das auf dem militärischen Feld etwas Entscheidendes geschah, mit Ausnahme der Einnahme Pilsens durch ein böhmisches Heer unter Ernst von Mansfeld, einem erfahrenen Söldnerführer.[26]

Pappenheim wird Soldat

Die politische und militärische Lage verschärfte sich im März 1619, als der alte Kaiser Mathias in Wien verstarb. Die Habsburger sahen Ferdinand als seinen legitimen Nachfolger, die Böhmen aber verweigerten ihm die Gefolgschaft. Sie verabschiedeten am 19. Juli eine Konföderationsakte, die gleichsam eine neue Verfassung des Landes darstellte und das Wahlkönigtum festschrieb. Als neuen Monarchen wählten sie sich Friedrich von der Pfalz, der als guter Lutheraner bekannt war und mit James I. von England einen mächtigen Schwiegervater zur Seite hatte.[27]

In diesem Jahr unternahm ein kaiserliches Heer unter dem Grafen von Buquoy einen Vorstoß auf Budweis, der allerdings von den böhmischen Truppen zurückgedrängt wurde. Entscheidende Aktionen blieben nach wie vor aus.[28]

Der Tod des Kaisers entband Pappenheim von seinen Pflichten als Reichshofrat. Er versuchte auch gar nicht seinen Anspruch auf diese Stelle zu erneuern, sondern bewarb sich um ein Patent als Oberstleutnant in einem kaiserlichen Infanterieregiment. Zu seiner großen Enttäuschung wurde ihm dieser Wunsch abgeschlagen. Die kaiserlichen Obersten suchten erfahrene Soldaten. Pappenheim wurde lediglich das Kommando über eine Kompanie angeboten, dass er aber ausschlug.[29] Also trat der Treuchtlinger kurzzeitig in den Dienst Sigismunds von Polen, seines Zeichens auch ein glühender Katholik. Doch nach dem Ausbruch der Kämpfe in Böhmen versuchte Pappenheim sein Glück an einem anderen Hof.[30]

Verleihung der Kurwürde an Herzog Maximilian I. durch Kaiser Ferdinand 1623 in Regensburg

Tafelbild (Zyklusbild 20), 1625, Scheyern, Benedikterabtei (Haus der ´Bayerischen Geschichte, Augsburg)

Er begab sich nach München und bat um eine Stellung im Heer der Liga, die Maximilian I., Herzog von Bayern, in Süddeutschland aufstellte. Maximilian war, trotz des fehlenden Kurhutes, einer der mächtigsten Fürsten im Reich und hatte die Liga 1609 als Antwort auf die im Vorjahr gegründete Protestantische Union ins Leben gerufen. 1616 trat er als Oberhaupt zurück, belebte den Bund nach Ausbruch der Böhmischen Unruhen jedoch von Neuem.[31] Pappenheims Stiefvater Adam von Herberstorff hatte im Auftrage des Herzogs bereits 1.000 Reiter angeworben und unterstützte die Ambitionen seines Stiefsohnes am Münchener Hof. Maximilian stellte dem Treuchtlinger ein Patent als Rittmeister aus, verbunden mit dem Auftrag eine 200 Mann starke Kürassierkompanie im Rheinland anzuwerben. Sein Monatssold betrug stolze 500 Gulden (da die 200 Reiter eine Doppelkompanie darstellten). Acht Wochen hatte er für die Rekrutierung Zeit. Danach sollte er seine Kürassiere zur Festung Ingolstadt führen. Die zu werbenden Männer sollten Kriegserfahrung besitzen und ihre Pistolen und Degen mitbringen. Maximilian wollte ihnen die Kürasse dazu geben.[32]

Nach der damals üblichen Praxis erhielt ein bestallter Offizier wie Pappenheim einen Artikels- oder Bestallungsbrief in dem genau festgehalten war, wie viele Soldaten er zu werben berechtigt war. Um ungebundenen und freien Menschen den Dienst schmackhaft zu machen, musste der auf die Art ernannte Offizier meist aus eigener Tasche ein Werbe- oder Laufgeld vorstrecken. Pappenheim standen pro Mann 22½ Gulden zur Verfügung. Die frisch Rekrutierten wurden dann an einem Musterplatz zusammengeführt. Nach den bayerischen Gesetzen musste dieser dann noch sechs Tage offen gehalten werden, für den Fall, dass noch Nachzügler

24 *Vgl.: Wedgwood: Dreißigjähriger Krieg, S. 66-81; Englund: Verwüstung, S. 79-80; Milger: Land und Leute, S. 36-40.*

25 *Vgl.: Wedgwood: Dreißigjähriger Krieg, S. 39-46; Milger: Land und Leute, S. 32-35.*

26 *Vgl.: Wedgwood: Dreißigjähriger Krieg, S. 82-101; Milger: Land und Leute, S. 42-46.*

27 *Vgl.: Wedgwood: Dreißigjähriger Krieg, S. 87-90.*

28 *Vgl.: Milger: Land und Leute, S. 48-49.*

29 *Vgl.: Stadler: Pappenheim, S. 64.*

30 *Vgl.: Wittich: Pappenheim, S. 145.*

31 *Vgl.: Wedgwood: Dreißigjähriger Krieg, S. 102-108; Albrecht: Maximilian, S. 495-498.*

32 *Vgl.: Stadler: Pappenheim, S. 65-66; Heß: Pappenheim, S. 12-13; Weber: Bayerisches Heer, S. 401*

Dieser sogenannte **Dreiviertelharnisch**, bei dem bereits die eisernen Handschuhe fehlen, wurde im Laufe des Krieges als *„Pappenheimer Kürass“* bekannt. Das gezeigte Modell befindet sich im Bayrischen Armeemuseum Ingolstadt und verfügt über einen Spangenhelm, der zwar den Kopf sehr gut schützt, aber das Sichtfeld auch stark einschränkt.

Ein anderer, im Reich weniger verbreiteter Helmtyp war der sogenannte **„Burgunder“** (oben links).

dem Ruf der Fahne zu folgen wünschten.[33] Danach wurden alle Rekruten gemustert und bewaffnet. Diese Musterungen wurden jedoch oftmals nur pro forma durchgeführt. Da ein Oberst an jedem Mann verdiente, der in seinen Listen auftauchte, erklärten die Musterungsoffiziere auch einige Menschen mit körperlichen und auch geistigen Behinderungen für tauglich. Obwohl der durchschnittliche Söldner etwa zwischen 20 und 40 Jahre alt sein sollte, machten die Werber auch vor jungen Männern von 16 und 17 Jahren, oder in Einzelfällen auch Kindern von weniger als 15 Jahren nicht halt. Suchte ein alter verarmter Greis von über 60 sein Glück im Kriegshandwerk, wurde auch er teilweise genommen.[34]

Nach der Musterung trat der Kommandeur bei einer Parade vor die Front der versammelten Rekruten, verlass seinen Artikelbrief und ließ den Soldaten den Eid abnehmen.[35] Diese Artikelbriefe waren der Vertrag, welchen der Rekrut mit seinem Dienstherrn abschloss. Die einzelnen Paragraphen regelten die Details seiner Musterung und Besoldung, seine Pflichten als Soldat, forderten Sorgsamkeit für die gestellten oder mitgebrachten Waffen und legten auch Dienstzeit und Entlassung fest. Nicht zuletzt forderten sie von dem neuen Soldaten Gottesfurcht ein. Alles in allem war der Söldner des Dreißigjährigen Krieges persönlich abhängiger, als der Landsknecht des 16. Jahrhunderts.[36]

In dieser Aufstellungsphase war die städtische Bevölkerung meist noch glücklich darüber, dass sich ein Regiment vor ihren Toren befand. Denn von ihrem Handgeld mussten sich die Söldner Teile ihrer Ausrüstung, wie Bekleidung und Stiefel selbst zulegen. Das gab den örtlichen Zünften Auftrieb. Auch wurden die steigenden Bedürfnisse an Fourage während der Rekrutierungsphase meist noch ordentlich bezahlt.[37]

Erst 1620 hatte die Liga ein Heer von ausreichender Stärke bei Donauwörth vereinigt. Nicht nur Bayern, auch die anderen Staaten zahlten für ihre Besoldung. Trotzdem wurde die Armee vor allem als Machtinstrument Maximilians wahrgenommen. Im diesem Sommer zählte sie etwa 32.000 Mann: 26.500 Infanteristen, 3.400 schwere Kürassiere und 2.100 Arkebusiere.[38] Den Oberbefehl erhielt der erfahrene Brabantiner Johann Tserceslas Tilly. Pappenheim führte zunächst noch seine Kompanie aus 200 Kürassieren im Regiment seines Stiefvaters.[39] Die Truppen wurden intensiv gedrillt. Besonders die Reitpferde mussten daran gewöhnt werden, dass ihre Besitzer Steigbügel an Steigbügel ritten. Es war vermutlich zunächst mehr Protektionismus, als militärisches Talent, der dazu führte, dass der Graf von Herberstorff seinen Stiefsohn 1620 im Range eines Oberstleutnant zu seinem Stellvertreter im Regiment erhob, noch ehe das Heer sich in Bewegung setzte.[40]

Tilly konzentrierte sich vorerst darauf, die beiden kleinen Armeen des Markgrafen Friedrich von Baden-Durlach und Joachim Ernst von Brandenburg-Ansbach von seinen Flanken zu verdrängen. Die beiden protestantischen Heerführer waren schnell zu einem Sonderfrieden mit der Liga bereit. Böhmen verlor wichtige Verbündete.[41]

33 *Vgl.: Langer: Hortus Bellicus, S. 92-93; Stadler: Pappenheim, S. 65.*

34 *Vgl.: Eickhoff/ Schopper: 1636, S. 44, 47.*

35 *Vgl.: Langer: Hortus Bellicus, S. 93.*

36 *Vgl.: Eickhoff/ Schopper: 1636, S. 47-48.*

37 *Vgl.: Langer: Hortus Bellicus, S. 93-94.*

38 *Vgl.: Heß: Pappenheim, S. 14.*

39 *Vgl.: Heß: Pappenheim, S. 14.*

40 *Vgl.: Stadler: Pappenheim , S. 86; Binder: Pappenheim, S. 34-35; Heß: Pappenheim, S. 14.*

41 *Vgl.: Binder: Pappenheim, S. 34-35; Heß: Pappenheim, S. 15.*

Tillys Tercios

Der Dreißigjährige Krieg galt als der letzte bewaffnete Konflikt der Landsknechtära. Seit dem Spätmittelalter hatte der zu Fuß und mit einem Spieß kämpfende Söldner den reitenden Ritter als König des Schlachtfeldes abgelöst. Diese Spießträger wurden im 14. und 15. Jahrhundert in mächtigen, tief gestaffelten und offensiv agierenden Gewalthaufen eingesetzt.[42] Das Aufkommen handlicher Feuerwaffen führte dazu, dass nun auch Büchsenschützen vermehrt in die Schlachtordnung integriert wurden. Im frühen 17. Jahrhundert hatten sich die Feuerwaffen soweit vervollkommnet, dass leichtere Musketen, die zusätzlich auf einer Gabel abgestützt wurden, die schwereren Büchsen und Arkebusen bei der Infanteriebewaffnung weitgehend verdrängt hatten.[43]

Der Anteil der Musketiere steigerte sich und zu Beginn des Krieges bestand ein durchschnittliches Regiment aus ebensoviel Feuerwaffenträgern, wie Pikenieren (vom französischen *„pique“* = stechen[44] abgeleitet). Die mehrere Meter langen Piken waren meistens aus Eschenholz gefertigt. Dieses verband eine hohe Festigkeit mit Elastizität und geringem Gewicht. Dadurch konnte der Träger die Waffe waagerecht halten und wurde beim Auftreffen auf den Gegner nicht selbst von den Füßen gerissen, weil der Schaft diese Wucht absorbierte.[45] Aus Kostengründen wurde jedoch immer öfter nur minderwertiges Tannen- und Fichtenholz verwendet. Eine Pike war viereinhalb bis fünfeinhalb Meter lang. Daneben gab es *„Halbpiken“* von drei bis dreieinhalb Metern Länge.[46] Die Pikeniere des frühen Dreißigjährigen Krieges trugen häufig noch Brustharnische und daran befestigte Oberschenkelschützer, sowie eiserne Helme, entweder birnenförmige Glocken, Eisenhüte oder auch spanische Morione. Aus Kostengründen wurde diese Schutzbewaffnung jedoch im Laufe des Krieges immer weiter reduziert, oder nur die vorderen Glieder dementsprechend bewaffnet.[47]

Die damals führende Militärmacht Europas, die Spanier entwickelten eine moderne Infanterietaktik (das Wort Infanterie für Fußvolk kam aus dem Spanischen), die die oftmals als ein großer Haufen agierenden Armeen in (verhältnismäßig) kleine Gruppen aufsplittete. Zunächst wurde die Armee in eine etwa gleichstarke Vorhut, Hauptmacht und Nachhut geteilt, die den Namen *„Tercios“* (span. Drittel) erhielten.[48] Im ausgehenden 16. Jahrhunderts wurde aus dem Tercio eine feste Form des Regiments mit etwa 3.000 Soldaten.[49]

Das Grundproblem der damaligen Infanterietaktik, welches bis in den Dreißigjährigen Krieg ungelöst blieb, war die Verbindung von der Offensivkraft des Feuerwaffenträgers mit der Defensivkraft des Pikeniers. Erst im ausgehenden 17. Jahrhundert wurden beide Fähigkeiten mit der Erfindung des auf die Muskete aufpflanzbaren Bajonetts gelöst. Im

42 *Vgl.: Ortenburg: Waffen der Landsknechte, S. 107-114; Fiedler: Taktik und Strategie, S. 30-80.*

43 *Vgl.: Ortenburg: Waffen der Landsknechte, S. 54-56; Krause: Vom bunten Rock, S. 14-15; vgl. auch: Wagner: Ars bella gerendi, S. 87-89.*

44 *Müller/ Kölling: Hieb- und Stichwaffen, S. 80.*

45 *Vgl.: Müller/ Kölling: Hieb- und Stichwaffen, S. 84.*

46 *Vgl.: Eickhoff/ Schopper: 1636, S. 61.*

47 *Vgl.: Eickhoff/ Schopper: 1636, S. 61; Brnardic: Imperial Armies 1, S. 24-26; Krause: Vom bunten Rock, S. 14.*

48 *Vgl.: Ortenburg: Waffen der Landsknechte, S. 114; Fiedler: Taktik und Strategie, S. 148; Müller/ Kölling: Hieb- und Stichwaffen, S. 53.*

49 *Vgl.: Ortenburg: Waffen der Landsknechte, S. 114; Fiedler: Taktik und Strategie, S. 148; Langer: Hortus Bellicus, S. 95; Müller/ Kölling: Hieb- und Stichwaffen, S. 53; Brnardic: Imperial Armies 1, S. 21-22; Roberts: Pike and Shot, S. 26-27; Weber: Bayerisches Heer, S. 401.*

16. Jahrhundert und im Dreißigjährigen Krieg sahen sich die Befehlshaber mit dem Problem konfrontiert, dass der Angriff einer reinen Pikenierformation immer am Abwehrfeuer von Musketieren scheitern würde, die jedoch anfällig für Reiterangriffe waren. Kavalleristen hatten jedoch kaum eine Chance gegen einen geschlossenen Pikenierhaufen.[50]

Die eher unbefriedigende Lösung bestand darin, um einen Kern aus Pikenieren eine sogenannte *"Hecke"* aus Musketieren zu bilden. Diese Hecke konnte bis zu fünf Glieder tief sein und immer noch von den Spießspitzen der Pikeniere gedeckt werden. Weitere Musketiere bildeten *„Bastionen"* an den Ecken der Formation.[51] Dieses Tercio bildete die Grundformation aller katholischen Heere des 16. und frühen 17. Jahrhunderts. Es machte jedoch aus dem stoßkräftigen offensiv ausgerichteten Gewalthaufen der frühen Landsknechte eine langsame, schwer manövrierbare und zunehmend defensiv agierende Formation, da die Pikeniere ihre Wucht im Nahkampf nicht mehr frei entfalten konnten.[52] Allerdings wurde diese Formation auf dem deutschen Kriegsschauplatz schon zu Beginn des Dreißigjährigen Krieges kleiner und flacher. Die *„Bastionen"* fielen zugunsten eines mit Schützen flankierten oder ummantelten Pikenierquadrats weg.[53]

Die einzelnen Tercios wurden schachbrettartig auf einem Feld aufgestellt. Zwischen einem Regiment und seinen Nachbarformationen bestanden breite Lücken, in die die Haufen der zweiten Linie im Bedarfsfall vorstoßen konnten. Diese war im Normalfall länger als die erste und wurde wiederum durch eine dritte Linie gedeckt, deren Tercios auf Höhe der Formationen im ersten Glied standen.[54]

Die Spanier hatten diese Taktik in den Niederlanden angewendet, die Kaiserlichen in Ungarn, wo sich defensiv ausgerichtete Tercios gegen die schnelle leichte Kavallerie der Osmanen bewehrt hatten.[55] Tilly war ein Kind der spanischen Kriegsschule, ein Veteran dieser Feldzüge. Er war kein Innovator und würde mit diesen sich taktisch immer mehr überholenden Mitteln seine kommenden Schlachten schlagen.[56] Als Führer des ligistischen Heeres kann er auch durchaus als der erste Lehrmeister des damals in militärischen Dingen unbedarften Pappenheim angesehen werden.

Der Vorstoß nach Böhmen

Nachdem die Flanken der Liga nun gesichert waren, entschloss sich Maximilian zusammen mit der kaiserlichen Armee nach Böhmen vorzustoßen. Der Herzog zog nach Linz, nahm die Stadt ohne Widerstand ein und installierte Adam von Herberstorff als Statthalter. 5.000 Mann erhielt er zur Sicherung Süddeutschlands. Pappenheim zog jedoch mit dem Hauptheer weiter.[57]

50 *Vgl.: Ortenburg: Waffen der Landsknechte, S. 114-116; Fiedler: Taktik und Strategie, S. 211; Brnardic: Imperial Armies 1, S. 22-24.*

51 *Vgl.: Vgl.: Ortenburg: Waffen der Landsknechte, S. 114-116.*

52 *Vgl.: Fiedler: Taktik und Strategie, S. 211; Brnardic: Imperial Armies 1, S. 23-24; Roberts: Pike and Shot, S. 26.*

53 *Vgl.: Junkelmann: Tilly, S. 385; Weber: Bayerisches Heer, S. 401-402.*

54 *Vgl.: Ortenburg: Waffen der Landsknechte, S. 115-116; Brnardic: Imperial Armies 1, S. 23-24; Roberts: Pike and Shot, S. 26-28.*

55 *Vgl.: Ortenburg: Waffen der Landsknechte, S. 115; Fiedler: Taktik und Strategie, S. 211-212.*

56 *Vgl.: Rill: Tilly, S. 27-35.*

57 *Vgl.: Binder: Pappenheim, S. 35; Heß: Pappenheim, S. 15.*

Die böhmische Armee war in einem schlechten Zustand. Zwar war es dem Direktorium gelungen fähige Soldaten als Heerführer anzuwerben, wie den Grafen von Mansfeld und Christian von Anhalt, doch das Land war ausgesogen, sodass die Armee Hunger litt und sich Krankheiten breit machten.

Von Linz rückte das vereinigte ligistisch-kaiserliche Heer langsam auf Prag vor. Auf diesem Zug war Pappenheim nun der Herr über ein Regiment aus 1.000 Kürassieren. Einige Biografen leiteten hieraus seine Beförderung zum Oberst ab,[58] diese lässt sich jedoch zu diesem Zeitpunkt noch nicht nachweisen.

Der Vormarsch nach Böhmen ging nur sehr langsam vonstatten. Der kaiserliche Feldheer Buqouy bevorzugte einen Vorstoß nach Mähren, um eine Verbindung ungarischer Truppen mit den Rebellen zu verhindern. Tilly war für die schnelle Einnahme Prags. Buqouy wollte zuvor lieber erst Pilsen erobern, um Mansfeld zu ermüden. Tilly bestand auf der direkten Einnahme der Moldaumetropole. Maximilian unterstützte ihn.[59]

Was Pappenheim auf diesem zögerlichen Marsch lernen konnte, waren weder strategische Übersicht, noch taktisches Geschick, sondern die Bedeutung der Versorgung für einen Feldzug. Zwar schrieb Maximilians Hofprediger Jeremias Drexel noch im Sommer: *„Das Gepäck behinderte die Reise beim Hofstaat wie bei den Soldaten. Ein belgisches Regiment brauchte 800 Pferde zum Transport."*[60] Doch im Spätherbst hatte sich die Versorgungslage erheblich verschlechtert. Böhmen, das im Vergleich zu Süddeutschland ohnehin spärlicher besiedelt war, konnte das nötige Vieh und Getreide nicht mehr aufbringen, nachdem die Soldateska des Direktoriums das eigene Land schon fast zwei Jahre ausgesogen hatte. Das Heer der Verbündeten, welches auf 55.000 Mann angewachsen war, litt Not. Typhus breitete sich aus und raffte 14.000 Soldaten dahin. Da bereits im Oktober dichter Schneefall einsetzte, sodass die unvorbereiteten Soldaten an ihren nachts erlöschenden Wachfeuern erfroren, verschlimmerte sich die Lage zusätzlich. Schon am 6. Oktober vermerkte Drexel: *„Man nimmt an, dass mehr als 6.000 Soldaten starben, seit wir von Linz aufgebrochen sind."*[61] Am 9. Oktober: *„In dieser Nacht starben bei der Artillerie zehn Männer und einige Pferde, denn es war eine äußerst kalte Nacht."*[62] Ende des Monats, am 26. Oktober schrieb er: *„Die Nacht war sehr kalt, so dass etwa tausend Soldaten zu kränkeln anfingen und einige starben."*[63]

Nun waren auch erste Kavallerieverbände aus Ungarn eingetroffen. Die leichten Reiter umschwärmten den katholischen Gegner und rieben in kleinen Scharmützeln etliche Trupps auf, die die Ligisten zum Beschaffen von Nahrungsmitteln aussandten.

Pappenheim sollte später als Kavallerieführer mehrmals auf ganz ähnliche Weise Krieg führen. Es ist davon auszugehen, dass nicht der erfahrene Tilly, auch nicht der später in sein Leben tretende Wallenstein ihm diese Lehren einpflanzten, sondern dass er seine ersten Erfahrungen im Kleinen Krieg während des Böhmischen Feldzug machte und das der Krieg selbst hier als sein Lehrmeister auftrat.

58 *Vgl.: Heß: Pappenheim, S. 14.*

59 *Vgl.: Rill: Tilly, S. 88-89; Krüssmann: Ernst von Mansfeld, S. 196-198.*

60 *Zit.: Milger: Land und Leute, S. 70.*

61 *Zit.: Milger: Land und Leute, S. 89.*

62 *Zit.: Milger: Land und Leute, S. 89.*

63 *Zit.: Milger: Land und Leute, S. 92.*

Pieter Snayers (1592-1667): Die Schlacht am Weißen Berg

Tillys und kaiserliche Truppen schlagen die böhmische Armee unter Christian von Anhalt bei Prag am 8. November 1620, Öl auf Leinwand (AKG-Images)

Die Schlacht am Weißen Berg

Das kaiserlich-ligistische Heer erreichte Anfang November Prag. Der österreichische Feldherr Buquoy riet zur Vorsicht, doch Tilly war sich der Überlegenheit seiner Truppen bewusst und drängte zur Schlacht. Am 8. November standen sich beide Heere am Weißen Berg gegenüber.

Friedrich von der Pfalz residierte sorglos auf dem Hradschin, während seine über den Sommer verkümmerte Armee unter Christian von Anhalt ihm die Krone zu retten versuchte. Knapp 15.000 Protestanten standen gegen nahezu 40.000 Katholiken. Die Ligatruppen bildeten den rechten Flügel der Armee mit fünf Tercios. Die Verbindung zu den Kaiserlichen auf dem linken Flügel wurde durch mehrere Reiterregimenter, darunter auch Pappenheims Schwadronen, gebildet. Gegen Mittag eröffnete die böhmische Artillerie die Schlacht.[64]

Aufgrund der tiefgestaffelten Formation der Tercios überflügelte das böhmische Heer das kaiserlich-ligistische. Doch schon als die Bayern mit Trommelspiel vorrückten, verließ einige der Protestanten der Mut. Christian von Anhalt gelang es jedoch, Reste seiner Regimenter zum Kämpfen zu ermutigen. So konnte er die spanische Kavallerie auf dem linken Flügel zunächst abwehren und auch die nachrückende wallonische Infanterie in die Flucht schlagen.[65]

Anhalt begann nun sogar einen Gegenstoß. Trotz seiner zahlenmäßigen Unterlegenheit übte er einigen Druck auf die vorderen Tercios der Liga aus. Aber es gelang den Böhmen nicht, ihr zweites Treffen rechtzeitig nach vorn zu führen. Der Sohn des Oberkommandierenden, Christian von Anhalt, führte die protestantische Kavallerie zum Unterstützungsangriff vor. Dieser gelang es tatsächlich, eines der Tercios aufzubrechen.[66]

Tilly schickte nun die italienischen und bayerischen Kürassiere sowie die polnischen Kosaken, die sich zwischen den Kaiserlichen und den Ligatruppen befanden, nach vorn. Dieser Gegenstoß vertrieb Christians ungarische Reiter vom Schlachtfeld. Bei den Nahkämpfen wurde das Pferd des Anhaltiners von einer polnischen Lanze durchbohrt.[67] Pappenheim nahm mit seinen Kürassieren zwei feindliche Geschütze. Als die Ungarn zur Moldau flohen, rissen sie auch den Grafen Thurn mit sich. Pappenheims Kürassiere verfolgten die Böhmen bis in den Prager Tiergarten. Hier kam es zu heftigen Nahkämpfen. Der junge Treuchtlinger erhielt verschiedenen Angaben nach bis zu zwanzig Hieb- und Stichwunden und sank schließlich bewusstlos vom Pferd. Angeblich soll er zunächst noch im Taumel der Schlacht phantasiert haben, dass er sich im Fegefeuer befände, ehe er endgültig in Ohnmacht fiel. Womöglich überlebte er die bitterkalte Nacht nur, weil der Körper seines Pferdes ihn wärmte.[68] So lag er als schwer Blutender unter den Toten, bis ein plündernder niederländischer Söldner, der ein Auge auf die guten Hosen des Grafen geworfen hatte, ihn fand.[69]

Pappenheim wurde in die Stadt zu einem Barbier namens Andre gebracht. Sechs seiner Wunden wurden als tödlich angesehen. Als Maximilian von Bayern vom Schicksal des jungen Reiterführers erfuhr, ließ er seinen Hofmediziner in die Stadt schicken, damit dieser Andre seine Hilfe anbot. Der Graf benötigte einige Wochen, um sich vollständig zu erholen, doch er überlebte. Die vielen Narben, die von der Schlacht zurück blieben, brachten ihm später den Namen *„Schrammhans“* ein.[70]

Ein Chirurg oder Feldscher aus der Zeit des Dreißigjährigen Krieges besaß zwar bereits ein umfangreiches Set medizinischer Instrumente, zu denen Kugelbohrer, Brenneisen und auch spezielle Amputationssägen gehörten, ihr medizinisches Wissen gerade im Bezug auf Schussverletzungen war dagegen gering. Den Bleikugeln wurde eine hochgiftige Wirkung zugeschrieben, weswegen sie mit den recht klobigen Bohrern und Zangen, die die ohnehin große Wunde noch ausdehnten, entfernt werden sollten. Auch der eingedrungene Pulverschmauch galt als gefährlich und wurde daher in schmerzhaften Verfahren mit Öl und heißen Eisen ausgebrannt.[71] Die Artikelbriefe, die die Söldner unterschrieben, regelten zwar fast alle Details des täglichen Lebens, sprachen ihnen jedoch nur in den seltensten Fällen das Recht auf medizinische Versorgung zu. Ein nicht mittelloser Offizier wie Pappenheim konnte sich eine solche Behandlung leisten, doch je ärmer die Söldner waren, desto notdürftiger fielen die oftmals überlebensnotwendigen Behandlungen für im Kampf erhaltene Verletzungen, oder die allgegenwärtigen Krankheiten aus.[72]

Die Schlacht am Weißen Berg bedeutete zwar das Ende des Böhmischen Aufstandes, aber nicht das Ende des Krieges. Maximilian hatte als Gegenleistung für seine Waffenhilfe vom Kaiser Teile der Pfalz und den Kurhut verlangt. Der Aufstieg des Bayern führte zur Entrüstung unter den protestantischen Reichsständen. Außerdem waren einige der von den Böhmen angeworbenen Söldnerführer immer noch auf freiem Fuß. Der wichtigste war Ernst von Mansfeld.[73]

Nach der Prager Schlacht kehrte Maximilian nach München zurück, um die vom Kaiser versprochenen Gegenleistungen für die Waffenhilfe der Liga einzufordern. In Böhmen ließ er Tilly zurück, der die militärischen Angelegenheiten zu bereinigen hatte.

Der Krieg um die Pfalz

Der Graf von Mansfeld sammelte seine Söldnerarmee und zog in die Oberpfalz, wo er etliche Ortschaften plünderte und niederbrannte. Von hier aus versuchte er weiter in die rheinische Pfalz zu ziehen. Der Besitz der Pfalz war für den Bayernherzog von unmittelbarem Interesse, da die von ihm angestrebte Kurwürde an diese Territorien gebunden war. Am Rhein hatte ein spanisches Heer unter dem Herzog Gonzales Fernandez Cordoba bereits etliche Städte und Festungen erobert. Im Osten setzte sich Tilly mit seinem Heer in Marsch, um den Mansfelder zunächst aus der Oberpfalz zu verjagen. In seinem Heer befand sich auch Pappenheim, unter seinem Kommando sieben Kürassierkompanien mit etwa 500 Mann und zwei Kroatenkompanien.[74]

Pappenheims Lust am Soldatenhandwerk war jedoch in dieser Zeit merklich zurückgegangen. Ein vierzehntägiger Urlaub 1621 war zu einem mehrmonatigen Aufenthalt auf seinen Treuchtlinger Gütern ausgewachsen. Anfang 1622 bat er Herzog Maximilian mehrmals um seine Entlassung, die aber

64 *Vgl.: Wedgwood: Dreißigjähriger Krieg, S. 110-111.*

65 *Vgl.: Wedgwood: Dreißigjähriger Krieg, S. 111-112.*

66 *Vgl.: Rill: Tilly, S. 94.*

67 *Vgl.: Rill: Tilly, S. 94-95.*

68 *Vgl.: Stadler: Pappenheim, S. 90-91; Rill: Tilly, S. 95.*

69 *Vgl.: Stadler: Pappenheim, S. 61; Heß: Pappenheim, S. 17; Binder: Pappenheim, S. 36-38 nennt einen Kroaten, der ihm die Ringe vom Finger ziehen wollte.*

70 *Vgl.: Stadler: Pappenheim, S. 91-92; Binder: Pappenheim, S. 38-41; Heß: Pappenheim, S. 17-18.*

71 *Vgl.: Eickhoff/ Schopper: 1636, S. 119-120.*

72 *Vgl.: Eickhoff/ Schopper: 1636, S. 120-121.*

73 *Vgl.: Wedgwood: Dreißigjähriger Krieg, S. 116-122.*

74 *Vgl.: Stadler: Pappenheim, S. 108.*

Sebastian Vrancx (1573-1647), Soldaten plündern einen Bauernhof im Dreißigjährigen Krieg (1620)
Öl auf Leinwand (Wikimedia Commons)

immer wieder abgelehnt wurde. Sein Schwiegervater und Tilly versuchten ihn davon abzuhalten und so blieb der Graf beim Ligaheer.[75]

Im Frühjahr 1622 drang Tillys Armee in die Pfalz ein. Er eroberte die Stadt Wimpfen und versuchte mit den spanischen Truppen unter Cordoba zusammenzukommen. Anfang April erfuhr der Generalleutnant, dass eine starke Abteilung Mansfelder Reiter unter General Streiff nach Bruchsal zogen. Er entschloss sich ihnen entgegen zu ziehen. Pappenheim kommandierte die Vorhut der Armee und erreichte die Stadt am Morgen des 5. April. Die Mansfelder waren bereits abgerückt, also gab Tilly den Befehl zur Verfolgung. Pappenheims Regiment holte die Protestanten bei Weingarten ein und fiel mit solcher Wucht über ihre 3.000 Reiter starke Nachhut her, dass sich das ganze Heer in wilder Flucht zurückzog. Die Ligatruppen eroberten den Großteil ihrer Bagage und einen Teil der Kriegskasse.[76]

Tilly hatte den Grafen mittlerweile zur Beförderung vorgeschlagen. Maximilian von Bayern scheute sich zunächst, einen weiteren Oberst besolden zu müssen, gab der Rangerhöhung aber am 26. April statt. Pappenheim musste jedoch seine Kürassiere abgeben und erhielt nun das Kommando über ein Halbregiment mit vier Arkebusier- und nur einer Kürassierkompanie.[77]

Mansfeld besaß nach seinen Rückschlägen noch immer eine starke Armee, mit der er einen schnellen Vorstoß seitens Tilly am 27. April bei Mingolsheim blutig abwies. Das Ligaheer zog weiter und vereinigte sich mit den Spaniern unter Cordoba mit denen Tilly am 6. Mai den Markgrafen von Baden-Durlach bei Wimpfen schwer schlug.[78] Über Pappenheims Beitrag zu diesen Schlachten ist nichts bekannt.[79]

75 *Vgl.: Stadler: Pappenheim, S. 109-110.*

76 *Vgl.: Stadler: Pappenheim, S. 111; Heß: Pappenheim, S. 22-23; Rill: Tilly, S. 117; Krüssmann: Ernst von Mansfeld, S. 394-395.*

77 *Vgl.: Stadler: Pappenheim, S. 112.*

78 *Vgl.: Rill: Tilly, S. 118-123; Wedgwood: Dreißigjähriger Krieg, S. 132-134; Krüssmann: Ernst von Mansfeld, S. 377-405.*

79 *Vgl.: Stadler: Pappenheim, S. 112-114.*

Neuformierung der Protestanten

Nach der Einnahme der Pfalz zog sich das mansfeldische Heer nach Norden zurück. Tilly folgte ihm. Er sollte Maximilians Vetter, den Kurfürsten von Köln, gegen Christian von Braunschweig, den Tollen Halberstädter, unterstützen. Dieser hatte ein weiteres protestantisches Heer von 15.000 Mann auf die Beine gestellt.[80]

Doch der Halberstädter war nur ein mäßig begabter Taktiker und noch dazu der vereinigten spanisch-ligistischen Armee unterlegen. Am 20. Juni erzwang Tilly den Rheinübergang bei Höchst, wo er Christian schwer schlug. Pappenheims Kavallerie, elf Schwadronen stark, stand auf dem linken Flügel des vereinigten Heeres. Er griff aber nicht entscheidend in diese wichtige Schlacht ein.[81]

Wenig später stürmte Tilly Heidelberg, die Residenz des *„Winterkönigs"* Friedrich V. Dieser floh daraufhin ins Exil nach Holland und entband seine Heerführer Mansfeld und Christian von Braunschweig von ihren Dienstverpflichtungen.[82] Die beiden Condottieri begaben sich daher in den Dienst der Generalstaaten. Die spanischen Truppen unter Cordoba marschierten bereits den Rhein hinab um ihr eigentliches Ziel, die Fortsetzung des Spanisch-Niederländischen Krieges (auch Achtzigjähriger Krieg) in Flandern zu forcieren. Sie wurden von einem vereinigten Heer Mansfelds und Christians am 29. August bei Fleurus in einer für beide Seiten verlustreichen Schlacht schwer geschlagen.[83] Pappenheim stand in diesen Monaten bei Speyer am Rhein. Er erhielt von Tilly eine weitere Kroatenkompanie und scheint zu dieser Zeit einer der größten Günstlinge des Generalleutnants gewesen zu sein.[84]

Nachdem Mansfeld und Christian im Oktober 1622 auch aus dem Dienst der Generalstaaten entlassen worden waren, zogen sie auf eigene Faust in den Niedersächsischen Kreis des Reiches. Sie besetzten die Hafenstadt Emden, da beide auf ein Eingreifen Englands oder Dänemarks zu Gunsten der Protestanten rechneten. Unterstützung aus dieser Richtung blieb jedoch zunächst aus.[85]

Während des Winters verwüsteten die mansfeldisch-halberstädtischen Truppen Ostfriesland.[86] Wenig später marschierten die beiden Heere nach Süden die Weser hinauf bis Thüringen, wo Herzog Johann Ernst von Sachsen-Weimar 10.000 neue Soldaten für die Protestanten angeworben hatte.[87] Christian war zudem daran gelegen das Herzogtum Wolfenbüttel und das Stift Halberstadt unter seine Kontrolle zu bringen. Hier zog er die Schätze des Domkapitels ein, um seine Truppen bezahlen zu können. Den Protestanten war klar, dass sie im Sommer mit dem kaiserlich-ligistischen Gegenschlag zu rechnen hatten. Trotzdem waren ihre Truppen weitläufig verteilt.[88]

80 *Vgl.: Wedgwood: Dreißigjähriger Krieg, S. 130-133; Smid: Der tolle Halberstädter, S. 28.*

81 *Vgl.: Wedgwood: Dreißigjähriger Krieg, S. 134-136; Smid: Der tolle Halberstädter, S. 32.*

82 *Vgl.: Wedgwood: Dreißigjähriger Krieg, S. 136-138; Smid: Der tolle Halberstädter, S. 34.*

83 *Vgl.: Smid: Der tolle Halberstädter, S. 34-36.*

84 *Vgl.: Stadler: Pappenheim, S. 121.*

85 *Vgl.: Wedgwood: Dreißigjähriger Krieg, S. 137-138; Smid: Der tolle Halberstädter, S. 38.*

86 *Vgl.: Smid: Der tolle Halberstädter, S. 38-41.*

87 *Vgl.: Smid: Der tolle Halberstädter, S. 42.*

88 *Vgl.: Smid: Der tolle Halberstädter, S. 44-45.*

Reichstag in Regensburg

Pappenheim verbrachte den Winter und das Frühjahr 1623 in Regensburg. Hier wurde Tilly am 22. März in den Grafenstand erhoben und sein Reiterführer vom Kaiser persönlich zum Ritter geschlagen.[89] Für die Geschichte des Dreißigjährigen Krieges wurde der Reichstag jedoch vor allem deswegen bedeutsam, weil Ferdinand II. hier endlich die längst versprochene Kurwürde an Maximilian von Bayern übertrug, was zu einem noch tieferen Bruch mit den protestantischen Reichsständen führte, als die böhmische Rebellion.[90]

Kaiser Ferdinand war nicht der große Staatenlenker, den das Reich in dieser tiefen Krise gebraucht hätte. Aber er war ein zutiefst gläubiger Mann. Als konservativer Katholik zählte das Sammeln von Reliquien zu seinen Leidenschaften. Die Familie Pappenheim besaß einen Daumen, der dem Heiligen Georg zugeschrieben wurde und der Legende nach für die tapfere Tat eines Vorfahrens im Kampf gegen die Hunnen im 10. Jahrhundert in den Besitz der Familie kam. Die mit Gold überzogene Reliquie war bisher in der Georgskapelle der Pappenheimer Burg verwahrt gewesen. Es war der besondere Wunsch des Kaisers in den Besitz dieses Stückes zu kommen. Sicherlich erkannte Pappenheim die sich bietende Chance, ein gutes Verhältnis zum Kaiser herzustellen und schenkte den Daumen in Regensburg an Ferdinand.[91]

Der Ritterschlag und die Schenkung der Reliquie markieren eine erste merkliche Annäherung Pappenheims an das Kaiserhaus. Noch stand er in bayrischen Diensten, es darf aber nicht vergessen werden, dass er nachwievor ein Patent in Ferdinands Armee anstrebte. Pappenheim sah im Dienst unter der kaiserlichen Fahne vermutlich größere Aufstiegschancen, denn in Zukunft lieh er seinen Degen mehr und mehr an den Kaiser aus.[92]

Die Pappenheimer

Nach verschiedenen Angaben erhielt Pappenheim in Regensburg auch den Befehl über ein kaiserliches Kürassierregiment, dessen Reiter bald als *„Pappenheimer"* bekannt werden sollten und damit verbunden den Rang eines Obersten.[93] Die katholische Kavallerie war in den vorrangegangenen Feldzügen arg dezimiert worden. Das Regiment, welches Pappenheim im Heere Tillys kommandierte und welches tatsächlich aus ligistischen Söldnern bestand, umfasste nur noch fünf schwache Kompanien. Diese sollten etatmäßig 200 Mann stark sein, doch die erhaltenen Listen besagen, dass sie im Frühjahr 1623 lediglich 50 bis 60 Reiter zählten.[94]

Nachdem die Landsknechte den mittelalterlichen Ritter vom Schlachtfeld verdrängt hatten, setzten neue Entwicklungen in der Reitertaktik ein. Der moderne Berufskavallerist war keine Weiterentwicklung des Ritters, sondern eine Neuerfindung des berittenen Kriegers.[95] Die wichtigste Änderung bestand darin, dass der individuell gut ausgebildete, wenig disziplinierte Ritter vom in geschlossener Ordnung kämpfenden

89 *Vgl.: Stadler: Pappenheim, S. 125-128; Heß: Pappenheim, S. 23-24; Binder: Pappenheim, S. 43.*

90 *Vgl.: Wedgwood: Dreißigjähriger Krieg, S. 140-144; Albrecht: Maximilian, S. 569-580.*

91 *Vgl.: Stadler: Pappenheim, S. 128; Binder: Pappenheim, S. 43-45; Hess erwähnt die Übergabe nicht.*

92 *Vgl.: Heß: Pappenheim, S. 26-28.*

93 *Vgl.: Heß: Pappenheim, S. 24; Stadler macht zu diesem in den Quellen kaum präsenten Regiment keine Angaben.*

94 *Vgl.: Heß: Pappenheim, S. 24; Brnardic: Imperial Armies 2, S. 3.*

95 *Vgl.: Ortenburg: Waffen der Landsknechte, S. 120, 128-129; Fiedler: Taktik und Strategie, S. 216..*

Ein Helmtyp, der in der ersten Hälfte des 17. Jahrhunderts in europäischen Heeren populär wurde, war die **Zischägge**, die auf türkische Vorbilder zurückgeht.

Dieses Modell, das sich auf dem Hradschin in Prag befindet, zeigt den verstellbaren Gesichtsschutz sowie einen sehr breiten Stirn- und Nackenschutz. Auf der Rückseite befindet sich eine Tülle zur Aufnahme eines Federbusches.

Berufssoldaten ersetzt wurde.[96] Diese nahmen nun überwiegend viereckige Formationen (die Franzosen bezeichneten diese als Eskadronen) ein.[97] Die spanische Reiterei hielt noch bis zu Beginn des Dreißigjährigen Krieges an der Lanze für ihre schwere Reiterei fest. Im Reich wurde sie bereits vermehrt von der Pistole verdrängt. Die neu entwickelten Radschlosspistolen konnten, wenn auch mit Mühe, einhändig abgefeuert werden, sodass die andere Hand zum Führen der Zügel frei blieb. In Deutschland wurden Kavalleristen daher mit bis zu vier Pistolen ausgerüstet, die an Sattelholstern geführt wurden.[98]

Diese Umstellung führte dazu, dass auch die Kavallerie auf dem Schlachtfeld nun wesentlich langsamer agierte. Die *„Eskadrons"* ritten mit gezogenen Pistolen nahe an den Gegner heran und feuerten ihre Waffen ab. Dann zog das vorderste Glied zu einer Seite hin ab und schwenkte ans Ende der Formation um nachzuladen, während das zweite Glied sein Feuer eröffnete. Durch die tiefe Staffelung der Formation sollte ein anhaltendes, rollendes Feuergefecht aufrecht erhalten werden. Da sich die Reiterei damit nur im Schneckentempo dem Gegner näherte, wurde dieses Manöver als Caracole (span. für Schnecke) oder eingedeutscht Karakolieren bezeichnet. Erst wenn der Feind Zeichen der Schwäche zeigte, sollte mit der blanken Waffe im *„Choc"* angegriffen werden.[99]

In der Schlacht bildeten die Eskadronen quadratische Formationen, die ähnlich den Tercios schachbrettartig zwei Treffen tief aufgestellt wurden.[100]

Typenmäßig unterteilte sich die Kavallerie in weitere verschiedene Untergattungen, wobei mehrere Namen oftmals eine ähnliche oder gleiche Funktion umschrieben. Arkebusiere, Karabiniers und Dragoner waren leicht- oder ungepanzerte Reiter, die über lange Feuerwaffen verfügten und somit als berittene Schützen auftraten. Die schwere Kavallerie, mittlerweile als Kürassiere bezeichnet, war mitunter immer noch in einem kompletten Plattenharnisch gerüstet. Dieser wog bis zu 25 Kilo.[101]

Da diese Rüstungen nicht mehr für individuelle Auftraggeber hergestellt wurden, sondern als Massenprodukt für schnell zusammengestellte Regimenter innerhalb kürzester Zeit bestellt wurden, waren sie mitunter von miserabler Qualität. Die Plattner verwendeten billige Bleche, statt aufwendig zu härtender Stähle. Weil diese leichter rosteten, wurden sie mit Leinöl geschwärzt, um sie besser vor der Witterung zu schützen. Auch Pappenheims Kürassiere trugen solche schwarzen Harnische.[102] Trotzdem waren die Kosten für eine komplette Rüstung sehr hoch. In den 1620er Jahren kostete ein einfacher Kürass 9 Reichstaler, eine Muskete dagegen nur zwei bis drei.[103]

Pappenheims Kürassiere gehörten zu den letzten Reitern in vollständigen Rüstungen. Im Dreißigjährigen Krieg schälten sich immer mehr Kavalleristen aus ihren Eisenmänteln. Die Harnische dieser Epoche werden oft als *„Pappenheimer"* bezeichnet, da das Regiment in der nahen Zukunft soviel Aufmerksamkeit erregen sollte, dass es zum letzten Modell für schwere Kavallerie dieser Art wurde.

Die Vollrüstungen schränkten zu sehr in der Beweglichkeit ein, ermüdeten die Pferde, waren pflegeaufwendig und benötigten lang zum Anziehen. Der Aufwand überstieg den Nutzen, sodass immer mehr Reiter nur noch mit Kürass und Helm (Halbkürassiere) auftraten. Wallenstein begründete so beispielsweise die Flucht von Teilen seiner Kavallerie in der Schlacht bei Lützen damit, dass die Reiter Angst hatten, weil sie nicht mehr vollständig geharnischt wären.[104] In der Spätphase des Dreißigjährigen Krieges wurde dann auch der Helm oft noch vom einfachen Filzhut, der innen durch einen Eisenrahmen gestärkt war, abgelöst.[105]

Pappenheims Regiment bestand nur kurzzeitig und erhielt mit seinem Ausscheiden aus dem Dienst der Liga 1624 einen neuen Befehlshaber. Trotzdem ging der Begriff *„Pappenheimer"* immer wieder auf die vom Oberst und späteren Feldmarschall kommandierten Verbände über. Dazu gehörten neben Kürassieren aber auch Arkebusiere. Dabei handelte es sich um eine leichtere, bewegliche Reiterei. Zu Kriegsbeginn besaßen Arkebusiere noch einen Kürass, aber keine Vollrüstung. Im Laufe der Zeit legten sie auch diese Schutzrüstung ab. Neben dem Degen und zwei Pistolen war ihre wichtigste Waffe die Arkebuse, eine frühe Form des Karabiners. Die Arkebuse konnte ohne Stützgabel gehandhabt werden (auf zeitgenössischen Bildern werden immer wieder Kavalleristen gezeigt, die diese Waffen sogar einhändig führten). Um die Reiter nicht mit der Bedienung der Lunte zu überfordern, wurden diese Waffen mit den teureren Rad- oder Schnapphahnschlössern ausgestattet.[106] Das Verfahren der Caracole war besonders für das Feuer der Arkebusen geeignet, da sie eine höhere effektive Reichweite hatten, als Pistolen.[107]

Der Zug nach Norden

Als Tillys Heer sich in Bewegung setzte, begann ein Wettlauf von Protestanten und Katholiken nach Hessen, das als bisher vom Krieg verschonter, aber reicher Landstrich eine üppige Beute darstellen würde.[108]

Auf ihrem Vormarsch nach Norden wurden im Sommer ein Kürassierregiment unter Franz von Sachsen-Lauenburg bei Plessenburg und ein weiteres Korps unter seinem Bruder Albrecht am 5. Juli bei Göttingen von Truppen des Halberstädters schwer geschlagen.[109]

Die Siege des Tollen Halberstädters bei Plesseburg und Göttingen wirkten sich positiv auf die Moral seiner Truppen und das Selbstvertrauen ihres Heerführers aus. Tilly sah sich nun seinerseits gezwungen die Werra zu überschreiten und das von einer kleinen Garnison gehaltene Schloss Friedland zu belagern und zu stürmen.[110] Gleichzeitig operierte das Regiment Pappenheim im Umland des Heeres. Ob

96 *Vgl.: Ortenburg: Waffen der Landsknechte, S. 120.*

97 *Vgl.: Ortenburg: Waffen der Landsknechte, S. 1121-122; Fiedler: Taktik und Strategie, S. 216.*

98 *Vgl.: Ortenburg: Waffen der Landsknechte, S. 122; Fiedler: Taktik und Strategie, S. 216; Krause: Vom bunten Rock, S. 14.*

99 *Vgl.: Ortenburg: Waffen der Landsknechte, S. 122; Fiedler: Taktik und Strategie, S. 216-218.*

100 *Vgl.: Heilmann: Kriegswesen, S. 37-42.*

101 *Vgl.: Ortenburg: Waffen der Landsknechte, S. 32-35; Langer: Hortus BellicuS. S. 95; Wagner: Ars bella gerendi, S. 275; Brnardic: Imperial Armies 2, S. 3-4; Krause: Vom bunten Rock, S. 14.*

102 *Vgl.: Ortenburg: Waffen der Landsknechte, S. 35; Eickhoff/ Schopper: 1636, S. 66.*

103 *Vgl.: Stadler: Pappenheim, S. 159.*

104 *Vgl.: Heilmann: Kriegswesen, S. 34.*

105 *Vgl.: Ortenburg: Waffen der Landsknechte, S. 35; Fiedler: Taktik und Strategie, S. 222.*

106 *Vgl.: Ortenburg: Waffen der Landsknechte, S. 122; Fiedler: Taktik und Strategie, S. 216-217.*

107 *Vgl.: Ortenburg: Waffen der Landsknechte, S. 122-123.*

108 *Vgl.: Smid: Der tolle Halberstädter, S. 46.*

109 *Vgl.: Smid: Der tolle Halberstädter, S. 46.*

110 *Vgl.: Smid: Der tolle Halberstädter, S. 48*

sein junger Oberst mit im Felde stand, oder ob er immer noch die Folge seiner Verletzungen auf den heimischen Gütern auskurierte, ist nicht ganz eindeutig.[111] Am 20. Juli traf eine seiner Schwadronen bei Duderstadt auf eine Abteilung Halberstädter, die in der Stadt Nahrungsmittel und Geld als Kontribution eintrieben. Die Ligakavallerie begann einen sofortigen Angriff und zerstreute die protestantischen Soldaten. Während dieses Gefechts stand Pappenheim definitiv nicht bei seinen Reitern.[112]

Stadtlohn

Trotz der kleinen Rückschläge bei Plesseburg und Göttingen schien es, als ob Tilly die Universitätsstadt würde einnehmen können. Christian wollte sie jedoch nicht kampflos preis geben, obwohl seine wichtigsten Generale für einen Rückzug an den Rhein plädierten. Erst die Einnahme Friedlands durch Tilly änderte die Meinung des Halberstädters.[113]

Die Protestanten zogen sich tief in den Niedersächsischen Kreis zurück. Tillys Armee folgte ihnen und besetzte Ende Juli das Stift Paderborn. Christian strebte die Vereinigung mit einer weiteren Armee unter Mansfeld an. Doch als dieser ihm mitteilte, dass er nicht zu seiner Unterstützung heran eilen könne, zogen die Halberstädter Truppen wieder nach Westen.[114]

Tilly wollte verhindern, dass ihm die feindliche Armee auf das Hoheitsgebiet der Generalstaaten entfloh, wo sie sich mit dem Geld der Handelsrepublik neu ausrüsten und verpflegen würde, um wie nach der Schlacht von Fleurus den Krieg im Reich zu erneuern.[115]

Anfang August kam es zu anhaltenden Nachhutgefechten zwischen der ligistischen leichten Reiterei und Christians Nachhuten. Die Armee der Liga kam den Halberstädter Truppen immer näher. In der Nacht des 5. August hatte die protestantische Armee Stadtlohn erreicht und formierte eine defensive Schlachtaufstellung vor einem Bogen, den der Leppings-Welle Bach und die kleine Berkel bildeten. Über Nacht versuchte Christian seinen Tross, auf dem sich die für ihn so wichtige Kriegskasse mit den Geldern seines Stifts befand, über die Brücke der Stadt zu evakuieren.[116]

Es ist nicht ganz geklärt, ob Pappenheims Kürassiere an der nun folgenden Schlacht beteiligt, oder ob sie für ein Erkundungsunternehmen detachiert worden waren.[117] Nach einigen Plänen gehörte sein Regiment zum rechten Flügel von Tillys Aufstellung. Dieser, aus etwa 3.000 Reitern bestehend, attackierte das ausgebrannte Zentrum der Protestanten am späten Nachmittag mit einem diszipliniert karakolierenden Pistolenfeuer. Die Armee des Halberstädters zerbrach, doch waren ihr die Rückzugswege abgeschnitten. An drei Seiten waren die Fliehenden von fließenden Gewässern umgeben und ihre Bagagewagen verstopften die Brücken in Stadtlohn.[118]

Christians Armee wurde vollkommen vernichtet. Schätzungsweise 6.000 bis 7.000 Mann fielen in der Schlacht, 4.000 wurden gefangen genommen. Er selbst floh nach Holland und von da nach England.[119] Tilly stand auf dem Höhepunkt seiner militärischen Laufbahn.

Pappenheim traf wohl erst im Herbst 1623 wieder persönlich bei seinen Truppen ein und führte sie in die Winterquartiere, zunächst nach Schwaben, dann in die Gegend der Reichsstadt Nürnberg. Er sollte die Oberpfalz gegen Übergriffe des in Böhmen operierenden Siebenbürgerfürsten Bethlen Gabor schützen. Zu Kampfhandlungen kam es aber nicht.[120]

Inzwischen versuchte Maximilian 1624 seine Kavallerie zu *„reformieren"*, was im Sinne der Zeit nichts anderes hieß, als die vier ligistischen Reiterregimenter abzudanken. Pappenheim willigte ein, im Gegensatz zu den anderen Obristen, deren Soldaten noch Sold zustand und der nun nur zu einem verschlechterten Kurs bezahlt werden sollte. Der Graf erhielt für seine Kompanien insgesamt 45.000 Reichstaler und eine auf den 1. Februar 1622 zurückdatierte Bestallung zum Oberst eines vollwertigen Kürassierregiments.[121] Er dankte seine Reiter bis auf fünfzig Mann ab und zog sich mit diesen im Juni 1624 nach Treuchtlingen zurück.[122]

Hier kümmerte er sich um seine Privatangelegenheiten, zahlte die Schulden, die die Einquartierung seines Regiments in Nürnberg 1623 verursacht hatte, bemühte sich darum, seine Schwestern zu verheiraten und reiste oft nach Wien. Im Übrigen kümmerte er sich um die Verwaltung und Vergrößerung seiner Treuchtlinger Güter.[123]

DER KRIEG IN ITALIEN

Der Schachspieler: Richelieu

Nachdem die großen protestantischen Condottieri, Mansfeld und Christian von Braunschweig, in Norddeutschland entscheidend geschlagen waren, richtete sich die Hoffnung der lutheranischen und calvinistischen Fürsten auf Christian IV. von Dänemark.[124]

Doch es gab auch eine katholische Macht, die an einer Stärkung des Hauses Habsburg wenig Interesse hatte: Frankreich. Nachdem die Thronfolgewirren um Heinrich IV. überstanden waren und die Macht Ludwigs XIII. sich nach innen hin verfestigte, begann ein Mann aus dem Schatten des Monarchen heraus große Politik zu machen: Kardinal Richelieu.[125]

Frankreich fürchtete weniger die schwächelnden österreichischen Habsburger, sondern mehr die spanische Linie des Hauses. Philipp IV. beherrschte von Madrid aus nicht nur ein weltumspannendes Kolonialimperium, er hatte auch territoriale Interessen am Rhein und in Italien, wo sich seit hundertfünfzig Jahren immer wieder gewaltige Kriege zwischen Frankreich und Spanien über die Vorherrschaft kleiner Fürstentümer entzündeten.[126]

111 *Vgl.: Stadler: Pappenheim, S. 137.*

112 *Vgl.: Stadler: Pappenheim, S. 136; Smid: Der tolle Halberstädter, S. 48.*

113 *Vgl.: Smid: Der tolle Halberstädter, S. 48.*

114 *Vgl.: Smid: Der tolle Halberstädter, S. 49-50.*

115 *Vgl.: Smid: Der tolle Halberstädter, S. 50.*

116 *Vgl.: Smid: Der tolle Halberstädter, S. 50.*

117 *Binder erwähnt Pappenheims Beteiligung am gesamten Feldzug mit keinem Wort, vgl.: Binder: Pappenheim, S. 41-46; Hess meint sogar, er wäre überhaupt nicht dabei gewesen, vgl.: Heß: Pappenheim, S. 23.*

118 *Vgl.: Smid: Der tolle Halberstädter, S. 52; Rill: Tilly, S. 142-143.*

119 *Vgl.: Smid: Der tolle Halberstädter, S. 54-55; Wedgwood: Dreißigjähriger Krieg, S. 161-163.*

120 *Vgl.: Stadler: Pappenheim, S. 137-141.*

121 *Eventuell wurde hieraus in späteren Darstellungen das kaiserliche Regiment „Pappenheim", dass ihm auf dem Regensburger Reichstag übergeben worden sein soll, aber nie richtig existierte, siehe Stadler: Pappenheim, S. 140-141.*

122 *Vgl.: Stadler: Pappenheim, S. 140-143.*

123 *Vgl.: Stadler: Pappenheim, S. 147-151.*

124 *Vgl.: Wedgwood: Dreißigjähriger Krieg, S. 163-166.*

125 *Vgl.: Schultz: Richelieu, S. 51-134.*

126 *Vgl.: Schultz: Richelieu, S. 139-141.*

Noch bevor der mächtige Kardinal das Steuer des französischen Staatsschiffes übernahm, war es den Gesandten aus Paris gelungen, Savoyen und Venedig enger an Frankreich zu binden. 1623 schlossen sich die drei Länder in der Liga von Lyon zusammen.[127] Richelieu arbeitete an einem europaweiten Bündnis. Er strebte eine Koalition mit den spanienfeindlichen Calvinisten in den Niederlanden, den nach Pommern schielenden Lutheranern aus Schweden und den österreichfeindlichen Protestanten in Ungarn an. Zudem saß seit 1623 mit Urban VIII. auch ein enger Vertrauter des Kardinals auf dem Stuhl Petri.[128]

Noch scheute Richelieu außenpolitische Konflikte, da die religiösen Auseinandersetzungen mit den Hugenotten im eigenen Land nicht abgeschlossen waren. Doch das Veltlin, jener Landstrich, die kurze und günstige Passstrassen über die Alpen bot und die spanischen Stützpunkte am Rhein mit jenen in Oberitalien verband, wollte er seit seiner Machtübernahme 1624 in die Hand bekommen.[129]

Noch lag das Veltlin im Machtbereich der österreichischen Habsburger. Doch im Winter von 1624 auf 1625 erhoben sich die Protestanten der kleinen Provinz von Graubünden (angestachelt aus Paris), schlugen kaiserliche Truppen unter Erzherzog Leopold in offener Feldschlacht, besetzten die Stadt Tirano und sperrten die Alpenpässe. Richelieu nutzte die Chance. Der Herzog von Savoyen führte ein kleines Heer, in welchem sich auch französische Regimenter befanden, ins Astital und eroberte im Frühjahr 1625 Genua. Um die Aufmerksamkeit der Spanier weiter im Norden des Reiches zu binden, bot Richelieu dem Dänenkönig im Fall eines Kriegseintritts zusätzlich jährlich 500.000 France an Subsidiengeldern.[130]

Zwischen Savoyen und der Republik Venedig befand sich das Herzogtum Mailand. Die reiche Handelsstadt war spanischer Besitz. Das Herzogtum bildete jenes Sprungbrett, von dem aus die habsburgischen Truppen in Italien über das Veltlin nach Deutschland verlegt werden konnten. Der spanische Gouverneur, der Herzog von Feria, erkannte ganz richtig, dass sich die französisch-savoyischen Anstrengungen eigentlich gegen sein Mailand richteten. Nach langen Bittbriefen an Madrid wurde ihm eine Verstärkung von 6.000 Mann aus Deutschland zugesagt.[131]

Die Frage war nur, wer dieses Kontingent leiten sollte. Tilly war für den Krieg im Reich unentbehrlich. Nach dem Eingreifen des dänischen Königs mussten die Kaiserlichen sogar eine weitere, rein habsburgische Armee aufstellen. Mit diesem Projekt wurde Albrecht von Wallenstein betraut. Die spanischen Truppen am Rhein kämpften in der Pfalz und den Niederlanden.

Es war Oberst Gottfried Heinrich zu Pappenheim, dessen Befehl die 6.000 Mann unterstellt wurden. Dies geht vermutlich auch auf Betreiben des spanischen Gesandten in Wien, dem Grafen Onate (1560-1644) zurück. Onate war der einflussreiche Interessenvertreter Madrids an der Hofburg. Pappenheim hatte ihn während seiner Wienbesuche 1624 kennen gelernt. Onate schlug ihm nun zunächst vor, 3.000 Reiter, davon ein Drittel Dragoner zu werben, da die spanische Kavallerie zahlenmäßig schwach und von schlechter Qualität war. Pappenheim fehlten jedoch die finan-

127 *Vgl.: Schultz: Richelieu , S. 141-142; Wedgwood: Dreißigjähriger Krieg, S. 167; Kampmann: Europa und das Reich, S. 55.*

128 *Vgl.: Wedgwood: Dreißigjähriger Krieg, S. 168-169.*

129 *Vgl.: Schultz: Richelieu, S. 139.*

130 *Vgl.: Wedgwood: Dreißigjähriger Krieg, S. 172; Schultz: Richelieu, S. 137; Kampmann: Europa und das Reich, S. 55; Kodritzki: Von Krieg zu Krieg, S. 37-40.*

131 *Vgl.: Hess: Pappenheim, S. 28.*

Sebastian Vrancx (1573-1647), Landschaft mit Raubüberfall
Öl auf Leinwand (Hampel Auctions / Wikimedia Commons)

ziellen Mittel, um eine solche Masse an Truppen privat auf die Beine zu stellen. Doch mit Wallensteins Unterstützung erhielt er letztendlich die Erlaubnis ein Infanterieregiment von 3.000 Mann und 500 Reiter anzuwerben. Für die Kosten nahm der Friedländer ein Darlehen in genuesischen Bankhäusern auf.[132]

Pappenheim war aber immer noch für die Beschaffung der Ausrüstung zuständig. Er versuchte den Stadtrat von Nürnberg zu einem Darlehen zu bewegen, der jedoch ablehnte. Schließlich verpfändete der Graf seine Herrschaft an seinen Lehnsherren Joachim Ernst von Brandenburg-Ansbach für 40.000 Gulden.[133]

Zu dem Italien-Zug gehörten neben Pappenheims Reitern die Regimenter des Grafen Philipp von Solms, Alwig zu Sulz und Wolfgang von Mansfeld.[134]

Spanisch-genuesische Offensive

„Der Herschaft Genua Volck hat indessen/ als die Franzosen und Savoyer mit dem Meyländischen Gubernatorn zu thun hatten/ La Rageto, so dem Herzog von Savoyen zuständig/ erobert.“[135]

Mit dem Eintreffen des deutschen Kriegsvolkes im April 1625 ging der Herzog von Feria in die Gegenoffensive. Pappenheim, begleitet von seiner Frau, wurde für eine Diversionsbewegung mit 6.000 Soldaten nach Riva am Comer See geschickt, während die Spanier die savoyische Armee in den Piemont abdrängten.[136]

Am oberen Ende des Comer See hatten spanische Truppen das Fort Di Fuentes errichtet, um Vorstöße aus dem Veltlin in das Herzogtum Mailand zu blockieren. An den Seeufern selbst lag Riva, ein kleines Gasthaus mit einem Bootsanleger, welches aber die einzig offene Flanke des Forti di Fuentes darstellte. Das Gasthaus wurde daher durch mehrere Schanzen und Geschützstellungen auf den nahen Alpenhängen gesichert.[137]

Während Pappenheim noch seine Truppen rekrutierte, waren auch weitere spanische Regimenter in Flandern frei geworden, die unter dem Befehl Cordobas in Italien einrückten. Feria drang nach Piemont vor und wollte sich der Stadt Verzelli nahe Novarra bemächtigen. Norditalien war zu dieser Zeit eines der am stärksten verstädterten Gebiete, aber auch ein Land, welches in etliche kleinste Fürstentümer aufgespalten war, ähnlich wie der Süden und Westen des Heiligen Römischen Reiches. Viele dieser Städtchen waren mit modernen Befestigungen gesichert und so kam es, dass Feria sich an der Belagerung der kleinen Bergfestung Verua am Po festrannte. Ein energischer Ausfall der Besatzung schlug die mailändische Armee schließlich zurück.[138]

Eine zweite spanische Armee war von den Franzosen und Venezianern bei Riva eingeschlossen worden. Feria hatte Pappenheim zu Land und einige genuesische Truppen zu Wasser nach der Stadt geschickt. Vereinigt sollte dieses kleine Korps die französischen Belagerer vertreiben, was auch gelang.[139]

Pappenheim blieb danach mit seinen 6.000 Mann in Riva stehen. Er befestigte die Ufer des Comer Sees. Am 7. Oktober rückte ein starkes französisches Heer von Bergamo aus gegen diese Stellungen vor, konnte aber von Pappenheim kurz vor Riva in einem heftigen Gefecht zurück gedrängt werden. Den ganzen Sommer lang verteidigte der Oberst die Pässe am Comer See gegen überlegene feindliche Kräfte und begründete so seinen Ruhm als geschickter Feldherr.[140]

Mit dem einbrechenden Winter brach jedoch Unruhe im spanisch-deutschen Heer aus. Wie so oft mangelte es an Geld, um die Soldaten zu bezahlen. Die unruhigen Söldner waren verärgert über die Tatsache, dass sie in einem so reichen Land Hunger leiden mussten. Auch der deutsche Landsknecht Peter Hagendorf, der mit einem anderen Regiment nach Italien gekommen war und später seine Erinnerungen an den Krieg nieder geschrieben hat, berichtet erstaunt von glanzvollen Städten und exotischen Früchten auf der einen, und der Armut des Heeres auf der anderen Seite.[141]

Pappenheims Truppen pressten der am Südwestende des Sees gelegenen Stadt Como unter Androhung von Plünderungen eine hohe Kontribution ab. Nur so konnte der Oberst verhindern, dass ihm seine Regimenter vollends auseinander liefen.[142]

Im Winter verhandelten Franzosen und Spanier über den Frieden. In Frankreich waren erneut religiöse Unruhen mit den Hugenotten ausgebrochen, weswegen Richelieu der europäischen Politik vorerst den Rücken kehren musste.[143]

In dieser Zeit marschierte Pappenheim von Riva aus mit 1.000 Musketieren und mehreren Reiterschwadronen die Ada hinauf. Er wollte versuchen den Feldzug zu einem glücklichen Abschluss zu bringen und nun selbst das Veltlin zurück erobern. Das kleine Korps nahm eine von den Franzosen gehaltene Schanze bei Pizze, einem kleinen Dorf an jener Stelle, wo der Fluss einen scharfen Knick nach Osten macht. Die Pappenheimer töteten 200 Veltliner Konföderierte und machten 80 Gefangene. Doch als das kleine Korps weiter auf Chiavenna vorstoßen wollte, geriet es in einen Gegenangriff der Veltliner, worauf es sich nach Riva zurückziehen musste.[144]

Es war der letzte Waffengang für Pappenheim in Italien. Am 26. März 1626 kam der Frieden von Moncon zwischen Spaniern und Franzosen zustande. Das Veltlin wurde für neutral erklärt. Außerdem sollten alle spanischen Festungen an den Pässen abgebrochen werden. Ausländische Truppen - sowohl habsburgische, als auch bourbonische - erhielten Durchzugsverbot. Obwohl der Frieden den Habsburgern erlaubte ihr Gesicht zu wahren, traf er sie schwerer, als die Franzosen. Denn die Alpenpässe blieben ihnen nun versperrt.[145]

132 *Vgl.: Stadler: Pappenheim, S. 155-156.*

133 *Vgl.: Stadler: Pappenheim, S. 159.*

134 *Vgl.: Theatrum Europaeum I, S. 983; Hess: Pappenheim, S. 28.*

135 *Vgl.: Theatrum Europaeum I, S. 983.*

136 *Vgl.: Hess: Pappenheim, S. 28; Stadler: Pappenheim, S. 164-167.*

137 *Vgl.: Stadler: Pappenheim, S. 164.*

138 *Vgl.: Theatrum Europaeum I, S. 983; Khevenhüller: Annales Fernandei, S. 966-967.*

139 *Vgl.: Theatrum Europaeum I, S. 983; Hess: Pappenheim, S. 30.*

140 *Vgl.: Hess: Pappenheim, S. 31-32; Wittich: Pappenheim, S. 146; Kodritzki: Von Krieg zu Krieg, S. 40.*

141 *Vgl.: Tagebuch Peter Hagendorf, S. 35.*

142 *Vgl.: Hess: Pappenheim, S. 32.*

143 *Vgl.: Schultz: Richelieu, S. 142-143.*

144 *Vgl.: Hess: Pappenheim, S. 32-33; Wittich: Pappenheim, S. 146.*

145 *Vgl.: Schultz: Richelieu, S. 143; Wedgwood: Dreißigjähriger Krieg, S. 178; Kodritzki: Von Krieg zu Krieg, S. 40.*

BAUERNAUFSTAND IN OBERÖSTEREICH

Ein verspieltes Pfand

Als Pfand für die kostenintensive Aufstellung eines Heeres im Kampf gegen die rebellierenden böhmischen Landstände hatte Maximilian von Bayern 1620 vom Kaiser die habsburgische Provinz Oberösterreich erhalten. Und der frischgebackene Kurfürst bemühte sich sogleich das Land dauerhaft in seinen Staat zu integrieren. Nicht nur, dass bayrische Steuerbeamte das Land überfluteten und Abgaben eintrieben, um die leeren Kassen in München wieder zu füllen. Es kam auch ein Heer von Jesuiten, um in der protestantisch geprägten Provinz mit Macht die Gegenreformation voran zu bringen.[146]

All diese Maßnahmen machten die fremden Bayern im Land von Beginn an verhasst. Widerstand regte sich unter den Bauern, gegen den die kurfürstlichen Beamten hart vorgingen. Der Zwist gipfelte in dem berühmt-berüchtigten Frankenburger Würfelspiel, welches Statthalter Adam Graf zu Herbstorff, Pappenheims Stiefvater, am 15. Mai 1625 zur Abschreckung aller Widersässigen veranstalten ließ. 5.000 Bauern aus Frankenburg, einer an den sanften Nordhängen der Alpen gelegenen Stadt, ließ er auf dem Haushammer Feld zusammentreiben. 36 Richter, Räte und sonstige Repräsentanten der Oberösterreicher bestiegen eine vom Militär gesicherte Tribüne. Der Graf eröffnete ihnen, dass sie wegen ihres Widerstandes zum Tode verurteilt wären. In seiner Gnade wolle er aber der Hälfte von ihnen das Leben schenken. Daher ließ er die Bauernführer paarweise um ihr Schicksal würfeln. Die 18 Verlierer wurden sofort geköpft.[147] So grausam diese Methode den Bauern erschien, das Würfelspiel um das eigene Leben war eine gängige, sogar als milde betrachtete Bestrafung für Söldner dieser Zeit.[148]

Die makabere Veranstaltung, welche die Macht Bayerns demonstrieren sollte, löste einen landesweiten Bauernaufstand aus. Mehrere Truppenkontingente, ein kaiserliches unter dem Herzog von Holstein und ein ligistisches unter Oberstleutnant Thimar von Lintlo, marschierten zur Verstärkung der Bayern heran.[149] Es gelang den Österreichern mehrere bayrische Fähnlein in kleinen Gefechten und Hinterhalten zu schlagen. Bei Peuerbach überraschte ein Bauernhaufen unter Christoph Zeller eine größere bayerische Expedition unter Herberstorffs eigenem Befehl und schlug sie am 21. Mai schwer.[150]

Schätzungsweise 10.000 Bauern (manche Quellen sprechen von 80.000) zogen ins Feld. Ihr Banner war schwarz und trug den weisen Totenkopf. Ihr Kampflied hallte durch die Bergtäler:

„Von Bayerns Joch und Tyrannei
Und seiner großen Schinderei
Mach uns, o lieber Herr Gott frei!“[151]

Als das Land im Chaos versank, kehrte Pappenheim gerade aus Italien zurück. Nach dem Friedensschluss hatte er Maximilian sofort seine Hilfe gegen den Aufstand angeboten, immerhin musste er die Reste seiner Truppen, etwa sieben Kompanien Kavallerie und zwölf Kompanien Infanterie, besolden und seine Schulden abbezahlen. Dafür forderte er aber auch den Rang eines Generalwachtmeisters, der ihm bewilligt wurde.[152] Erleichtert übergab ihm der Kurfürst weitere Regimenter, insgesamt etwa 8.000 Mann, um die Stadt Linz zu verteidigen.[153] Dort befanden sich neben dem Statthalter auch zwei von Pappenheims Schwestern. Doch die Donauperle wurde bereits von dem Rebellenheer belagert. Die Bauern hatten die Höhen rings um die Stadt besetzt und den Fluss mit mehreren Ketten gesperrt. Die geplante Vereinigung Pappenheims mit den kaiserlichen Truppen schien zunächst unmöglich.[154]

Der Treuchtlinger entschloss sich daher zu einer Finte. Er ließ Boote, Kähne und Lastprahmen sammeln und mit 8 Kompanien Infanterie und 100 Reitern einen Vorstoß die Donau hinunter vortäuschen. Mit seinen Hauptkräften begab er sich am 1. November nach Passau und spielte den zögernden Feldherren. Doch sowie die Lichter in der Stadt verlöscht waren, verließen die bayrischen Regimenter heimlich die schützenden Mauern und folgten der Flottille. Am nächsten Tag vereinigten sich die beiden Teilstreitkräfte, nachdem sie einige Vorposten des Bauernheeres unbemerkt passiert hatten. Die Rebellen waren verwirrt. Sie glaubten den General noch bei Passau. Doch dieser zog am 4. November in Linz ein und vereinigte sich kurz darauf mit den Kaiserlichen.[155]

Die Schlacht bei Eferding

In der Stadt gönnte Pappenheim seinen Truppen drei Tage Rast und zog Erkundungen über die Lage der Bauernhaufen ein. Ein starkes Rebellenheer wurde ihm durch die Reiter des Obersten Cortenbach bei Eferding gemeldet.[156] Das vereinigte Heer marschierte aus und erreichte die gut verschanzten und stark bewaldeten Stellungen der Protestanten am 9. November. Pappenheim formierte seine Truppen, die Kaiserlichen auf dem linken, die Ligisten auf dem rechten Flügel. Die sechs Geschütze der Armee wurden von den 1.000 Musketieren des Herzogs von Holstein gedeckt. Ein eigentliches Zentrum besaß diese Aufstellung nicht.[157]

Die Bauern sangen Psalmen und sandten dem kaiserlich-ligistischen Heer Spott- und Schmährufe entgegen: *„Komm her, du Pappenheim!“*[158]

Sie begnügten sich jedoch nicht mit der Verteidigung, sondern griffen die bayrischen Regimenter an, solange sie noch nicht voll zur Schlacht entfaltet waren. Die Attacken wurden abgewehrt und als in der abendlichen Dämmerung ein starker Regen einsetzte, ließ Pappenheim seine in Stellung gegangene Artillerie sechs Schüsse auf das Zentrum der gegnerischen Aufstellung feuern.[159]

146 *Vgl.: Albrecht: Maximilian, S. 580-592; Sturmberger: Der oberösterreichische Bauernkrieg, S. 5-7; Huf: Mit Gottes Segen, S. 323; Milger: Land und Leute, S. 188.*

147 *Vgl.: Sturmberger: Der oberösterreichische Bauernkrieg, S. 7-9; Huf: Mit Gottes Segen, S. 325.*

148 *Vgl.: Kaiser: Ausreiser und Meuterer, S. 60.*

149 *Vgl.: Wittich: Pappenheim, S. 146.*

150 *Vgl.: Sturmberger: Der oberösterreichische Bauernkrieg, S. 10-11; Litschel: Oberösterreichische Bauernkriege, S. 92.*

151 *Zit.: Huf: Mit Gottes Segen, S. 325.*

152 *Vgl.: Stadler: Pappenheim, S. 193, 204.*

153 *Vgl.: Wittich: Pappenheim, S. 146.*

154 *Vgl.: Stadler: Pappenheim, S. 211; Binder: Pappenheim, S. 49-50; Heß: Pappenheim, S. 45; Litschel: Oberösterreichische Bauernkriege, S. 94-95.*

155 *Vgl.: Stadler: Pappenheim, S. 211; Heß: Pappenheim, S. 45-46; Litschel: Oberösterreichische Bauernkriege, S. 95.*

156 *Vgl.: Litschel: Oberösterreichische Bauernkriege, S. 95; Stadler: Pappenheim, S. 211-212.*

157 *Vgl.: Stadler: Pappenheim, S. 212; Heß: Pappenheim, S. 46; Litschel: Oberösterreichische Bauernkriege, S. 95.*

158 *Zit.: Langer: Hortus Bellicus, S. 110.*

159 *Vgl.: Stadler: Pappenheim, S. 212-213; Litschel: Oberösterreichische Bauernkriege, S. 95.*

Kroate

Als Kroaten oder auch Wallachen wurden im Dreißigjährigen Krieg irreguläre kaiserliche Hilfstruppen aus dem Balkanraum bezeichnet. Diese hatten im Kampf gegen die Türken große Erfahrungen im *„Kleinen Krieg“* gesammelt. Osteuropäische Reiter werden mit einer Vielzahl von Waffen dargestellt, wobei der Streithammer wohl sehr oft vertreten ist.

Dies provozierte einen weiteren Angriff der Bauern. Auf ganzer Linie rückten sie den Ligisten entgegen. Die gut gepanzerte bayerische und kaiserliche Reiterei auf beiden Flanken hatte schwere Kämpfe gegen die undiszipliniert anreitenden Bauern zu bestehen, konnte sie aber mit Pistolenfeuer abwehren. Auf dem rechten Flügel mussten die Bayern zunächst fünfhundert Schritt zurückweichen.[160]

Die Kaiserlichen unter Oberst Löbel hielten auf ihrem Flügel vorerst stand. Aber rechts wichen Pappenheims Reiter vor den Spießen der Bauern zurück. Teilweise stürmten Grüppchen von zehn, zwölf Bauern auf ganze Kompanien, deren Mut dadurch zusammenbrach. Oberst Adrian von Cortenbach wurde schwer verwundet.[161]

Die bayerischen Batterien drohten verloren zu gehen, als Oberstleutnant Buttberg zwei Fähnlein Fußvolk aus der Reserve heran führte. Pappenheim ritt selbst in die konfuse Masse zurückflutender Pikeniere, Musketiere und Kürassiere, sammelte sie in einer Art provisorischem Tercio und führte sie in einen letzten Gegenangriff.[162] Dieser brach den Rebellen das Rückgrat. Zunächst versuchten sie sich geordnet zurückzuziehen, doch die Kaiserlichen unter Löbel belegten sie mit Flankenfeuer, was eine Panik auslöste. Die pappenheimschen Reiter setzten den nun ihrerseits fliehenden Bauern nach, hieben dutzende und hunderte erbarmungslos nieder und trieben die zerbröckelnden Haufen in die Donau, wo noch etliche Protestanten ertranken.[163]

Trotz ihres Sieges mussten die Ligisten und die Kaiserlichen schwere Verluste hinnehmen. Pappenheim hatte im Handgemenge einen heftigen Schlag durch einen Streitkolben abbekommen, doch diesmal hatte ihn seine Rüstung geschützt. Oberst Cortenbach musste eine Musketenkugel aus dem Arm entfernt werden.[164] 3.000 Bauern lagen tot auf dem Schlachtfeld, die meisten waren bei der Verfolgung niedergemacht worden. Das bayrisch-kaiserliche Heer verlor angeblich nur 2 Tote und 15 Verwundete.[165] Das Theatrum Europaeum stützt diese Zahlen: *„Die Bauern haben in diesem Treffen 3.000 Mann verloren/ auff der andern Seiten aber sind wenig umbkommen.“*[166] Glaubt man diesen Angaben, so zeigt sich, welche Auswirkung die energischen Angriffe der Bauern auf die Moral von Pappenheims Soldaten hatte, wenn dieser zeitweise drohte die Schlacht zu verlieren.

Um Mitternacht übergaben die entmutigten Räte von Eferding Pappenheim die Schlüssel zur Stadt. Hier standen auch noch fünf verlassene Geschütze der Rebellen. Der Oberst ließ nur eine kleine Garnison unter Holstein in der Stadt zurück und begab sich dann weiter nach Gmunden.[167]

160 *Vgl.: Stadler: Pappenheim, S. 213; Litschel: Oberösterreichische Bauernkriege, S. 95.*

161 *Vgl.: Theatrum Europaeum III, S. 942; Heß: Pappenheim, S. 46-47.*

162 *Vgl.: Litschel: Oberösterreichische Bauernkriege, S. 95-96; Stadler: Pappenheim, S. 213.*

163 *Vgl.: Theatrum Europaeum III, S. 942; Stadler: Pappenheim, S. 213; Binder: Pappenheim, S. 49-52; Litschel: Oberösterreichische Bauernkriege, S. 96.*

164 *Vgl.: Theatrum Europaeum III, S. 942; Stadler: Pappenheim, S. 213; Binder: Pappenheim, S. 52-53; Heß: Pappenheim, S. 48.*

165 *Vgl.: Theatrum Europaeum III, S. 942; Heß: Pappenheim, S. 47-48; Litschel: Oberösterreichische Bauernkriege, S. 96.*

166 *Zit.: Theatrum Europaeum III, S. 942.*

167 *Vgl.: Theatrum Europaeum III, S. 942; Stadler: Pappenheim, S. 213; Binder: Pappenheim, S. 53-54; Heß: Pappenheim, S. 48.*

Die Schlacht bei Gmunden

Was sich von dem geschlagenen Bauernheer vom Eferdinger Schlachtfeld retten konnte, strebte der Welserheide zu. Dort trafen auch frische Haufen aus den Bergen ein. Auf diese Weise verstärkt marschierten die Protestanten auf Gmunden. Die Rebellen begannen mit der Belagerung der Stadt, als sich Pappenheims Heer aus Eferding näherte.[168]

Sowie die Pappenheimer auf das Belagerungsheer trafen, ließ der Feldherr die Bauern sogleich wieder unter Artilleriefeuer nehmen. Löbels Kaiserliche rückten 9 Uhr morgens gegen die Belagerer vor. Doch die Bauern zogen sich etwas von der Stadt zurück, um wie bei Eferding eine günstige defensive Position in einem nahen Wald zu beziehen. Die Insurgentenarmee wurde von einem einfachen Theologiestudenten geführt, der eine kurze Predigt hielt, woraufhin die Bauern ein paar Psalmen sangen. In der Zwischenzeit marschierte Pappenheims Armee auf freiem Feld auf. Die Kaiserlichen unter Oberst Löbel formierten den linken Flügel, die Ligatruppen den Rechten.[169]

Wie bei Eferding begann die Schlacht mit zaghaftem Geplänkel zwischen einigen Kavallerievedetten der Katholischen und den im Wald gut gesicherten Bauern. Doch dann ließen sich diese zu dem gleichen Fehler verleiten, denn sie einige Tage zuvor gemacht hatten. Mutig, aber unvorsichtig stürmten die Rebellen aus dem Wald. Sie stürzten sich mit solcher Wucht auf Löbels Kaiserliche, dass diese panisch die Flucht ergriffen und ihren Obersten mit fort rissen. Die Soldaten flohen unter die Mauern Gmundens. Die Bauern folgten ihnen, obwohl sie von den Verteidigern der Stadt unter Musketenfeuer genommen wurden.[170]

Auch Pappenheims Flügel wurde mit solcher Wucht attackiert, dass seine Truppen zweihundert Schritt von ihrer Ausgangsstellung zurückwichen. Einige der fliehenden Kaiserlichen lösten Panik und Unordnung unter den Ligatruppen aus. Für einen kurzen Moment war selbst ihr Feldherr unsicher, ob die Schlacht zu gewinnen sei. *„Inmittelst haben die Bauren auch deß von Pappenheimb Volck mit großem Ernst angegriffen/ und sich ganz unter sie vermischet/ also dass Pappenheimb selber gezweifelt/ ob auch die Seinige würden Fuß halten können.“*[171] Doch im Gegensatz zu den Bauern hatte Pappenheim aus seinen Fehlern bei Eferding gelernt. Hinter seiner Stellung lagen 300 durch einen Zaun geschützte Musketiere in einem Hinterhalt. Ihr Feuer brachte die Bauern zum Stehen. In dieser Zeit umgingen zwei Kompanien Kürassiere die Insurgenten durch eine kleine Senke und tauchten unbemerkt in ihrem Rücken auf.[172]

Auf diese Weise wurden die bedrängten Ligatruppen entlastet. Pappenheims Infanterie erhöhte dagegen nun ihrerseits den Druck auf die Bauern. Daher konnte der Feldherr den Kapitän de la Torre mit einer Kompanie zur Unterstützung der Kaiserlichen abgeben. Weil zwischen dem Schlachtfeld der Ligatruppen und den geschlagenen Soldaten Löbels vor Gmunden ein kleines Wäldchen lag, konnten die Bayern nicht

168 *Vgl.: Theatrum Europaeum III, S. 942; Stadler: Pappenheim, S. 214; Binder: Pappenheim, S. 52; Heß: Pappenheim, S. 48; Litschel: Oberösterreichische Bauernkriege, S. 96.*

169 *Vgl.: Theatrum Europaeum III, S. 942; Stadler: Pappenheim, S. 214; Heß: Pappenheim, S. 49; Litschel: Oberösterreichische Bauernkriege, S. 96.*

170 *Zit.: Theatrum Europaeum III, S. 943; vgl.: Stadler: Pappenheim, S. 214; Binder: Pappenheim, S. 54; Heß: Pappenheim, S. 49; Litschel: Oberösterreichische Bauernkriege, S. 96.*

171 *Zit.: Theatrum Europaeum III, S. 943.*

172 *Vgl.: Theatrum Europaeum III, S. 943; Stadler: Pappenheim, S. 214-215; Heß: Pappenheim, S. 49.*

sehen, wie schlecht es um ihre Verbündeten stand. Dies nutzte Pappenheim aus, ließ verbreiten, dass die Kaiserlichen die Bauern vom Schlachtfeld verdrängten und spornte auf diese Weise seine Truppen an.[173]

Nach vier Stunden harten Kampfes wichen die Bauern zurück. Pappenheim sandte ihnen seine Reserven, die spanischen Regimenter, hinterher. Diejenigen, die bereits mit dem Plündern der Toten und Verwundeten aus Löbels Regiment beschäftigt waren, wurden größtenteils zusammengetrieben. Die verloren gegangenen Geschütze der Kaiserlichen konnten zurückerobert werden. Wieder waren 3.000 Bauern auf dem Schlachtfeld geblieben. Pappenheims Heer verlor 300 Soldaten.[174]

Nach dem Gefecht war Oberst Pappenheim voll des Lobes für seine Untergebenen. *„Cortembach verdient alle Gnade von Euer Kurfürstl. Durchlauch, er meritirt Generalieutnant zu sein.“*[175] Ein überschwängliches Lob, den der Generalleutnant war zu dieser Zeit der Posten des direkten militärischen Stellvertreters des Kurfürsten, des Grafen Tilly. Auch Budberg und die Hauptleute La Torre, Elsenheim und Starzhausen hob der Feldherr positiv hervor.[176]

Das Ende des Aufstandes

Nach Gmunden zerfiel das Rebellenheer erneut. Doch Pappenheim hielt nicht still. Er setzte nach. Die Bauern waren zwar schwer geschlagen, aber der Oberst wollte den Aufstand vollständig nieder werfen. Am 19. November zerschlugen seine Truppen einen 5.000 Mann starken Haufen bei Vöcklabrück. Diesmal gelang es seinen Reitern die Insurgenten mit einer schnellen Attacke zu zerstreuen. 500 Bauern blieben auf dem Feld zurück.[177]

Die noch kampfbereiten Reste der Rebellen zogen sich in das Schloss Wolfseck zurück.[178]

Das auf einem sanften Hügel der alpinen Vorgebirge gelegene Renaissanceschloss wurde hartnäckig verteidigt, als die verbündete Armee am 30. November zum Sturm ansetzte. Pappenheims Truppen durchbrachen die Tore und machten über 1.000 Gefangene, darunter zwei Hauptleute der Bauern. Weitere sieben Geschütze fielen in ihre Hände.[179]

In einem Monat hatte Pappenheim die bis dato stets erfolgreichen Insurgenten viermal entscheidend geschlagen. Nach dieser Siegesserie zerstreuten sich die letzten Bauernhaufen. Die Rädelsführer und ein kleiner Rest Verzweifelter verschanzten sich zwar nahe Peuerbach, wurde aber wenig später ebenfalls von den Ligatruppen umzingelt und gefangen genommen. Pappenheim ließ seine Regimenter auf die verstreut liegenden Dörfer aufteilen, wo sie nicht nur für den Erhalt des Friedens sorgten, sondern auch ruhige Winterquartiere bezogen, oder abgemustert wurden. Er selbst begab sich im Januar nach München.[180]

Den Truppen der Liga folgten die vertriebenen bayrischen Beamten, die mit ein paar schnellen Todesurteilen einen endgültigen Schlussstrich unter der Rebellion zielen wollten. Pappenheim schrieb diesbezüglich an seinen Kurfürsten und bat um Schonung etlicher Bauern. Der Pfarrkirche in Gmunden stiftete er als Zeichen der Versöhnung und Dank für seinen Sieg einen seiner Degen, den er der kunstvoll geschnitzten Statue des Heiligen Georg über hängte.[181]

Dank Pappenheims Intervention wurden im folgenden Frühjahr nur die wichtigsten Rädelsführer durch das Schwert gerichtet, darunter Achaz Willinger, der letzte Anführer der Bauern.[182] Sogar die Bauern erkannten seine Milde an. So heißt es in der letzten Strophe eines ihrer Trauerlieder:

„Hascha, der Pappenheim gütig
wird seinen Vater demüthig
Bitten, er soll sich erbarmen
Unserer Weiber und Kinder armen,
Die zaghaft und kleinmüthig;
Die Straf nit mehr denken,
Das Leben uns schenken,
Beim Kaiser uns versöhnen,
Wöllen ihn gar gern
Für unseren Herrn
Solang wir leben, erkennen,
Wenn er wiederum woll einstellen,
Denen, die uns tödten wollen
Das Rauben, Morden, Brennen.“[183]

DER NIEDERSÄCHSISCH-DÄNISCHE KRIEG

Während Pappenheim in Italien und Niederösterreich kämpfte, war der Krieg im Reich in eine neue Phase getreten. 1623 hatte der niedersächsische Kreis Christian IV. von Dänemark zum Kreisobristen gewählt. Christian war zu dieser Zeit vielleicht der mächtigste Fürst in Nordeuropa, auch wenn Schweden sich im Schatten seines Reiches bereits anschickte, selbst die dominierende Macht an der Ostsee zu werden.

Niedersachsen war dank Christian von Halberstadt zum Kriegsschauplatz geworden. Der tolle Halberstädter nutzte die braunschweigischen Erblande seiner Verwandten als wirtschaftliche Basis für die Aufstellung seiner Armeen. Nach seinen Niederlagen gegen Tilly und der anschließenden Flucht nach England, hatte er sein Amt als Administrator niedergelegt und dem Dänenkönig übertragen wollen. So kam es, dass Christian IV. seine Chance gekommen sah, im Reich Fuß zu fassen.[184]

---

173 *Vgl.: Theatrum Europaeum III, S. 943; Stadler: Pappenheim, S. 215; Heß: Pappenheim, S. 49.*

174 *Vgl.: Theatrum Europaeum III, S. 943; Stadler: Pappenheim, S. 215; Heß: Pappenheim, S. 49-50; Litschel: Oberösterreichische Bauernkriege, S. 96.*

175 *Zit.: Litschel: Oberösterreichische Bauernkriege, S. 97.*

176 *Vgl.: Litschel: Oberösterreichische Bauernkriege, S. 97.*

177 *Vgl.: Litschel: Oberösterreichische Bauernkriege, S. 97; Stadler: Pappenheim, S. 215.*

178 *Vgl.: Theatrum Europaeum III, S. 943; Stadler: Pappenheim, S. 215; Heß: Pappenheim, S. 50.*

179 *Vgl.: Theatrum Europaeum III, S. 943; Stadler: Pappenheim, S. 215-216; Heß: Pappenheim, S. 50; Litschel: Oberösterreichische Bauernkriege, S. 97.*

180 *Vgl.: Theatrum Europaeum III, S. 943; Sturmberger: Der oberösterreichische Bauernkrieg , S. 11-13; Binder: Pappenheim, S. 57-60; Heß: Pappenheim, S. 50; Litschel: Oberösterreichische Bauernkriege, S. 97.*

181 *Vgl.: Stadler: Pappenheim , S. 215; Wedgwood: Dreißigjähriger Krieg, S. 188.*

182 *Vgl.: Binder: Pappenheim, S. 60; Heß: Pappenheim, S. 51.*

183 *Zit.: Binder: Pappenheim, S. 65.*

184 *Vgl.: Wedgwood: Dreißigjähriger Krieg, S. 176-179; Smid: Der tolle Halberstädter, S. 46, 55.*

Sebastian Vrancx (1573-1647), Landschaft außerhalb einer kleinen Stadt mit Überfall auf Reisende
Öl auf Holz (Sotheby´s London / Wikimedia Commons)

Doch der dänische Feldzug war äußerst unglücklich verlaufen. Tilly war in den Kreis einmarschiert und besetzte zunächst das Bistum Hildesheim, ehe er sich nach Braunschweig wandte. Am 27. August 1626 besiegte er die dänischen Truppen in der Schlacht bei Lutter vernichtend.[185]

Zusätzlich hatte der Kaiser Anstrengungen unternommen, seine Vorstellung von der Wiederherstellung eines im Glauben geeinigten Reiches, manifestiert im sogenannten Restitutionsedikt, durchzusetzen.[186] Dazu hatte er eine starke Armee unter dem böhmischen Feldherrn Albrecht von Wallenstein anwerben lassen, die jetzt an die Ostseeküste vor drang.[187]

Wallenstein

Für Pappenheim begann das Jahr 1627 mit einem schweren Schicksalsschlag, denn Ende Mai verstarb seine erste Frau Anna Ludmila auf Schloss Treuchtlingen, möglicherweise an den Folgen von Tuberkulose. Sie wurde im nahen Kloster Marienstein beigesetzt.[188]

Dem Gatten blieb wenig Zeit zur Trauer, denn die kaiserliche Armee in Norddeutschland forderte dringend Verstärkungen. Bis zum Sommer hatte Pappenheim seine Truppen auf achtzehn Kompanien verstärkt. Er konnte sich über den Zulauf neuer Rekruten keinesfalls beklagen. Teilweise mussten seine Musteroffiziere altgediente Unteroffiziere sogar im Rang zurückstufen, um sie in die Kompanien aufnehmen zu können. Der mit leeren Taschen aus Italien zurückgekehrte Söldner Peter Hagendorf war einer der Wenigen, die noch eine Anstellung in einem Regiment fand. *„Dessen 1627 gars in Abpril den 3. habe Ich mich unter den pabpenhemsen Regemendt, zu Ulm, lassen unterhalten, den Ich bin gans abgeRissen gewessen, fur einen gefreiten, von daaus, sindt wir auff den musterplatz getzogen, nach die ober Margraffschaff baden, Aldorf in qartier gelehgen, gefressen und gesoffen, das es gudt heisset."*[189] Anscheinend war das Werbegeld für den *„abgerissenen"* Söldner recht üppig ausgefallen.

Der Generalwachtmeister sammelte Geld und Waffen. Würzburg schickte 8.000 Taler, 1.500 Musketen, sowie 300 Piken und 350 Hellebarden, Strassburg 1.000 Musketen, der Deutsche Orden 5.600 Taler. Pappenheim selbst ließ noch 700 weitere Piken anfertigen und erhielt aus unbekannter Quelle weitere 200 Musketen.[190]

185 Vgl.: Wedgwood: Dreißigjähriger Krieg, S. 184-185; Rill: Tilly, S. 182-185.

186 Vgl.: Wedgwood: Dreißigjähriger Krieg, S. 138-158.

187 Vgl.: Wedgwood: Dreißigjähriger Krieg, S. 173-175; Mann: Wallenstein, S. 362-378.

188 Vgl.: Stadler: Pappenheim, S. 244.

189 Zit.: Tagebuch Peter Hagendorf, S. 37.

190 Vgl.: Stadler: Pappenheim, S., 249-250.

Die Truppen des Obersten erreichten die Kaiserliche Armee unter dem Fürsten Wallenstein im Frühjahr 1627, als diese gerade Nordheim belagerte. Trotz der Niederlage der Dänen widersetzten sich noch etliche norddeutsche Festungen den katholischen Truppen. Der Friedländer, wie der böhmische Feldherr aufgrund der 1621 vom Kaiser verliehenen Besitzungen an den Südhängen des Riesengebirges genannt wurde, muss großen Eindruck auf Pappenheim gemacht haben. Im Gegensatz zum Jesuitenzögling Tilly war Wallenstein ein prunkliebender Machtmensch. Der Krieg hatte ihm bisher fast nur Gutes beschert. Er war von einem kaum bedeutenden Niederadeligen zu einem der reichsten Fürsten des Reiches aufgestiegen. Die Armee unter seinem Kommando wurde aus den friedländischen Kassen bezahlt. Aus den böhmischen Ländereien erreichten sie gut gemachte Stiefel und zweckmäßige Uniformen, aber auch Brot und Bier.[191]

Wallenstein selbst trug seinen Reichtum mit teuren Kleidern und auffälligen roten Mänteln zur Schau.[192] Obwohl seine sich ständig verschlechternde Gesundheit die Erscheinung des Friedländers trübte, so verkörperte er doch so vieles, wenn nicht alles, was Pappenheim für sich zu erreichen hoffte. Wallensteins Einfluß wurde zum entscheidenden Faktor, weswegen Pappenheim in den letzten Jahren seines Lebens die kaiserlichen Interessen zunehmend über die Maximilians von Bayern stellte.

Festungskrieg

Der Krieg, der 1627 in Niedersachsen geführt wurde, behagte Pappenheim dagegen überhaupt nicht. Er bestand aus langwierigen Belagerungen, ohne die Möglichkeiten für einen Kavalleristen sich durch schnelle Streifzüge einen Namen zu machen.

Im Juli hatte der Graf von Fürstenberg mit einem Teil von Tillys Truppen mit Mühe Nordheim einnehmen können. Die Besatzung der Festung hatte den wiederholten Sturmläufen der Ligisten so stur widerstanden, dass der Graf ihr schließlich freien Abzug gewährte. Nach verschiedenen Angaben stieß Pappenheim während der Belagerung zu Fürstenbergs Korps.[193]

Mühevoll eroberten Tillys Truppen eine Festung nach der anderen, im September schließlich Nienburg und Stade, während Wallenstein in Jütland einfiel, das Land verheerte und Christian IV. zum Frieden zwingen wollte. Zuvor hatte er bereits Pommern und Mecklenburg besetzt. Die Mecklenburger Herzöge, die nominell im Bund mit dem Dänenkönig standen, waren aus ihren Schlössern vertrieben worden. Der Friedländer verlangte neues Land, als Gegenleistung dafür, dass der Kaiser seine Armee nicht bezahlen konnte. Und Ferdinand würde bald nachgeben.[194]

Pappenheim hatte inzwischen selbst mehrere Städte belagert und erreichte Anfang September Wolfenbüttel.[195] Die Stadt war die Residenz des Bruders Christians von Braunschweig. Die Garnison wurde vom Grafen Philipp Reinhard von Solms befehligt, der sämtliche Mittel zur Verteidigung zusammenkratzte. Mehrere Wochen wehrte er alle Angriffe der Belagerer ab. Wolfenbüttel war mithilfe holländischer Ingenieure zu einer der modernsten Festungen Norddeutschlands ausgebaut worden. Ihre Wälle waren mit 190 Kanonen verschiedensten Kalibers gespickt.[196]

Pappenheim hatte bei Klein-Stöckheim an der Straße nach Braunschweig ein durch mehrere Schanzen gesichertes Lager angelegt. Seine Armee umfasste je 22 Kompanien Reiter und Fußvolk, etwa 4.200 Mann. Tilly hatte für die Belagerung der Festung jedoch 10.000 Soldaten veranschlagt.[197] Nach seinen Zügen in Italien galt der Oberst als nicht unerfahren im Festungskrieg. Trotzdem lagen die Ligatruppen vier Monate vor den Wolfenbütteler Mauern fest. Solms Söldner unternahmen regelmäßige Ausfälle und setzten den Katholischen heftig zu.[198]

Ein Verteidiger der Stadt berichtete dabei später über bizarre Zusammentreffen der beiden *„Ritter“* Solms und Pappenheim: *„Wenn das Treffen vorüber und unsere schweißigen Köpfe abgewischt, so kommen wir dann zusammen auf dem Feld, discurriren, essen und trinken und lobt Einer des Anderen ritterliche Thaten, als wenn wir die besten Freunde wären; wenn wir dann wieder von einander scheiden, geht es nicht ohne fröhliches Scharmütziren ab.“*[199]

Die beiden Kommandeure mochten sich als Gegner schätzen, doch abseits dieser kulinarischen Zusammenkünfte führten Pappenheims Soldaten einen anderen Krieg. Seine Reiter zogen in die umliegenden Dörfer, plünderten und brandschatzten oder erpressten durch die bloße Drohung dies zu tun große Geldsummen.[200]

Als dem Grafen von Solms der Lohn für seine Söldner ausging, ließ er das herzogliche Schloss bis in den hintersten Winkel durchstöbern und auch den letzten Löffel des Tafelsilbers einschmelzen.[201]

Schließlich griff Pappenheim zu einer ungewöhnlichen, aber äußerst effektiven List. Er ließ die kleine Ocker durch Dämme so umleiten und stauen, dass sie die Stadt überflutete. Anfang Dezember ergoss sich das kalte Flusswasser in die Stadt. Die Keller der Bürgerhäuser liefen voll und selbst die Erdgeschosse wurden überspült, sodass ihre Bewohner in die oberen Stockwerke flüchten mussten.[202]

Die Stadt kapitulierte schließlich am 9. Dezember und Pappenheim erlaubte der Besatzung freien Abzug. *„Ich habe aber die Maisten underwegs niederhaun, thails auch understossen lassen“*,[203] berichtete der Graf später an den Markgrafen Christian von Kulmbach. Wolfenbüttel wurde ein wichtiges Zentrum für seine zukünftigen Operationen in Norddeutschland und zugleich Objekt seiner Begierde nach Standeserhöhung.

Pappenheim - Ein Herzog?

Ein erster Schritt zu seiner weiteren Rangerhöhung bestand in dem Versuch, aus den ihm mittlerweile unterstehenden 20 Kompanien zwei Regimenter mit entsprechenden Stäben zu bilden. Dies hätte Pappenheims Beförderung in den Rang eines Generals ermöglichen können (sein Titel als Generalwachtmeister beschrieb nur eine Funktion, sein

191 *Vgl.: Mann: Wallenstein, S. 376-380.*

192 *Vgl.: Mann: Wallenstein, S. 356-361.*

193 *Vgl.: Heß: Pappenheim, S. 53; Stadler: Pappenheim, S. 253.*

194 *Vgl.: Wedgwood: Dreißigjähriger Krieg, S. 194-197; Olesen: Wallenstein und Skandinavien, S. 175.*

195 *Vgl.: Wittich: Pappenheim, S. 147.*

196 *Vgl.: Stadler: Pappenheim, S. 255-256.*

197 *Vgl.: Stadler: Pappenheim, S. 256-257.*

198 *Vgl.: Wittich: Pappenheim, S. 147.*

199 *Zit.: Wittich: Pappenheim, S. 147-148.*

200 *Vgl.: Heß: Pappenheim, S. 54.*

201 *Vgl.: Binder: Pappenheim, S. 70; Vgl.: Heß: Pappenheim, S. 54.*

202 *Vgl.: Theatrum Europaeum III, S. 989; Binder: Pappenheim, S. 70-71; Heß: Pappenheim, S. 62; Stadler: Pappenheim, S. 258-264.*

203 *Zit.: Heß: Pappenheim, S. 62.*

Rang war nach wie vor Oberst). Inzwischen hatte er mit dem Marchese Annibale Gonzaga bereits einen zweiten Oberstleutnant angestellt, um dessen Rangerhöhung er Maximilian beständig bat, angeblich, da er selbst überarbeitet sei. Aber der Kurfürst zögerte.[204]

Pappenheims Truppen schweiften in den ersten Wochen des Jahres 1628 zwischen Gardelegen und Stendal umher und trieben hohe Kontributionen von den Ortschaften ein, die sich bei Graf Tilly wegen der ihnen auferlegten Lasten beschwerten. Dieser schrieb seinem Reiterführer daher am 1. Februar, er möge schärfer auf die Disziplin seiner Soldaten achten, auch alle überzähligen beim Regiment befindlichen Packpferde entlassen, damit für diese kein Futter bei den Bauern eingetrieben werden müsse.[205]

Doch die Gardelegener und Stendaler Räte kamen nicht zur Ruhe und beschwerten sich Ende Februar erneut bei Tilly. Nichts habe sich geändert. Der Feldherr ermahnte Pappenheim ein weiteres Mal ohne Wirkung. Mitte März wurden die Tore Gardelegens für acht Tage verschlossen und mit Wachen versehen, sodass die in der Stadt lebenden Bauern nicht auf ihre Äcker kamen und andersherum auch keine Lebensmittel auf den städtischen Markt gelangen konnten. Pappenheim war zu dieser Zeit nach Prag abgereist und hatte von daher wenig Einfluss auf die Ausschweifungen seiner Soldaten. Ende April schickte ihm Gardelegen sogar einen Gesandten hinterher.[206]

In Prag war Pappenheim vermutlich bei der Stiftung des Victoriaklosters zugegen, welches Kaiser Ferdinand unweit des Weißen Berges errichten ließ. Wahrscheinlich erhielt er in diesen Tagen von Ferdinand den Titel eines Reichsgrafen.[207] Es ist denkbar, dass Wallenstein bei dieser Standeserhebung seine Finger im Spiel hatte. Der Friedländer weilte ebenfalls auf dem Hradschin und erwirkte für vier seiner getreusten Obersten, Arnim, Collalto, Mansfeld und den Grafen von Schlick die Beförderung zum Feldmarschall. Pappenheim konnte dieses Patent nicht angeboten werden, da er ein bayrischer, kein kaiserlicher Offizier war. Aber es kann mit Sicherheit davon ausgegangen werden, dass die Bande zwischen ihm und dem Generalissimus in jenen Frühjahrs- und Sommermonaten weiter gefestigt wurden.[208]

Wallenstein war nicht nur der große Profiteur der ersten, sondern auch der zweiten Phase des Krieges. Da der Kaiser seine Schulden nicht abzutragen im Stande war, ließ er es zu, dass sein Feldherr die beiden Herzöge von Mecklenburg Johann Albrecht II. (1595-1636) und Adolf Friedrich I. (1588-1658) absetzte und sich selbst zum Herren des wiedervereinigten Landes aufschwang. Die Reichsfürsten, nicht zuletzt die Kurfürsten von Bayern und Sachsen, protestierten vehement, durchschauten sie doch die Gefahr, die sich für sie ergab, sollte Wallensteins Schritt Schule machen.[209]

Der geschickte Diplomat Wallenstein erkannte die Gelegenheit, wie er die beiden wichtigsten Diener Maximilians auf seine Seite ziehen könnte. Kaiser Ferdinand schuldete Tilly 400.000 Taler, eine Dotation die dem Feldherrn einst als Dank versprochen, aber nie ausgezahlt worden war. Wallenstein bot dem Brabantiner an als neuer Fürst in Braunschweig-Wolfenbüttel einzuziehen, wo König Christian I. hohe Schulden hatte. Dieses Angebot unterbreitete er Tilly auf seinem neuen Residenzschloss Güstrow. Dort hatte sich der Friedländer seit wenigen Wochen häuslich eingerichtet und entfaltete eine prachtvolle Hofhaltung. Der Glanz, der von diesem usurpierten Herrensitz ausging, beeindruckte sogar den sonst so bescheidenen Jesuitenzögling Tilly. Pappenheim verbrachte im Winter 1627/28 ebenfalls viele Tage im Güstrower Schloss.[210]

Der braunschweigische Herzog Friedrich Ulrich (1591-1634) hatte sich als niedersächsischer Reichsfürst dem Dänenkönig mit ebenso wenig Elan angeschlossen, wie seine mecklenburgischen Vettern. Während der Belagerung seiner Hauptstadt Wolfenbüttel ließ er Pappenheim sogar alle ihm mögliche Unterstützung gewähren, nur um vom Verdacht eines Verrats abzulenken.[211] Doch das mecklenburgische Beispiel lieferte einen gefährlichen Präzedenzfall. Wallenstein plante bereits Braunschweigs Aufteilung und dachte dabei nicht nur an Tilly, der Calenberg erhalten sollte, sondern auch an Pappenheim, für den der Wolfenbütteler Zweig gedacht war.[212] Auf den Treuchtlinger hatte der Güstrower Glanz besonderen Eindruck gemacht, sodass er nun gierig seine Hand nach einer eigener Herzogskrone ausstreckte. Das Intrigenspiel gewann eine Eigendynamik.[213]

In Wolfenbüttel hatte sich Pappenheim nicht nur des Herzogs bemächtigt, sondern auch dessen Archive beschlagnahmt. Er bestellte Rechtsgelehrte ein, die die Unterlagen und Dokumente prüfen sollten und dem Grafen Beweismaterial aussondern sollten, welches eine Anklage gegen Friedrich Ulrich beim Kaiser in Wien ermöglichen konnte. Auch die Braunschweiger Räte wurden verhört und ihre Aussagen für einen möglichen Prozess protokolliert. Pappenheim belohnte all jene, die ihm günstige Aussagen in die Hände spielten und entließ kurzerhand die anderen, die Friedrich Ulrich nicht die Treue brechen wollten.[214]

Zunächst schickte Pappenheim seine Zeugen nach Güstrow und ließ sie durch Wallenstein anhören. Er selbst war Präsident dieser makaberen Untersuchungskommission. Allerdings kamen bei diesen Prozessen nicht genügend belastende Aussagen zusammen, sodass Wallenstein seinen Schützling nach Wien schickte, um seine Sache selbst vor dem Kaiser zu vertreten.[215]

Pappenheim klagte Friedrich Ulrich des Reichsverrats an. Er habe den Winterkönig in seinem Land Unterschlupf geboten und die Rüstungen seines Bruders gegen den Kaiser unterstützt.

Das Problem bei dieser Klage bestand darin, dass Tilly nach seinem Sieg bei Lutter den niedersächsischen Ständen Straffreiheit zugesagt hatte. Der Kaiser erkannte die Versprechen eines seiner Feldherren zwar nicht an, ließ Friedrich Ulrich gegenüber aber dennoch Milde walten. Diesen Gnadenakt verdankte der braunschweigische Herzog jedoch auch dem Gold seines Vettern, des Herzogs Georg

204 *Vgl.: Stadler: Pappenheim, S. 266-268.*

205 *Vgl.: Heß: Pappenheim, S. 67.*

206 *Vgl.: Heß: Pappenheim, S. 67; Stadler: Pappenheim, S. 275-276.*

207 *Vgl.: Heß: Pappenheim, S. 68.*

208 *Vgl.: Heß: Pappenheim, S. 67, 70; Mann: Wallenstein, S. 497.*

209 *Vgl.: Mann: Wallenstein, S. 550-577; Olesen: Wallenstein und Skandinavien, S. 175-177; Junkelmann: Tilly, S. 382.*

210 *Vgl.: Mann: Wallenstein, S. 598-599; zur Güstrower Residenz, vgl.: Erbentraut: Dass haus gystrau, S. 195-216; Rill: Tilly, S. 198; Heß: Pappenheim, S. 69; Junkelmann: Tilly, S. 382.*

211 *Vgl.: Heß: Pappenheim, S. 55.*

212 *Vgl.: Heß: Pappenheim, S. 71-72.*

213 *Vgl.: Mann: Wallenstein, S. 591.*

214 *Vgl.: Heß: Pappenheim, S. 72; Mann: Wallenstein, S. 591; Stadler: Pappenheim, S. 331-345.*

215 *Vgl.: Heß: Pappenheim, S. 72-73; Mann: Wallenstein, S. 591; Rill: Tilly, S. 198.*

von Lüneburg.[216] Dessen wohl platzierte Bestechungsgelder stachen schließlich die Summen aus, die Pappenheim den Wiener Richtern zugesteckt hatte.[217]

Georg von Lüneburg versuchte auch direkt Druck auf Pappenheim auszuüben. Immerhin diente er selbst ebenfalls im kaiserlichen Heer. Er wandte sich an Tilly. Der Generalleutnant der Liga antwortete zwar zunächst ausweichend, dass Pappenheim für seine Kriegstaten durchaus vom Kaiser Belohnungen versprochen worden waren, tadelte diesen jedoch später in einem privaten Schreiben.[218]

Unbekannter Künstler, **Porträt des Georg, Herzog von Braunschweig und Lüneburg (1582-1641)**

Er war Fürst von Calenberg und General im 30-jährigen Krieg Ölgemälde (Wikimedia-Commons)

Was Pappenheim nicht erkannte, war, dass er zum Spielball des im Reich wenig geliebten Wallenstein geworden war. Dessen Übernahme Mecklenburgs hatte unter allen Fürsten massive Kritik hervor gerufen. Sollte nun der nächste alte Reichsstand durch einen aufsteigenden Soldatenfürsten ersetzt werden, würde das den politischen Druck auf den Friedländer entlasten.[219]

Während Pappenheim nach Wien reiste, um dem Kaiser seine Anklagepunkte darzulegen, verfasste Tilly einen ausführlichen Bericht über die Vorgänge in Wolfenbüttel an Kurfürst Maximilian. Keiner erkannte die von Wallenstein gelegte Falle besser, als der Bayer. Maximilian richtete daher am 12. April 1629 eine scharfe Maßregelungsnote an seinen Feldherren. *„Wollen euch also anbefohlen haben, dass ihr dieses Wesens müßig stehen und wohlgedachten Herzog zu Braunschweig und Lüneburg Lbd [Liebden] Räthe und Diener weder mit dergleichen Ungleichheit oder sonsten weiter im Geringsten nit beschweren, oder bekümmern, noch weniger Euch mit Einiger Commission, es sey gleich woher es wolle, ohne unser Vorwissen und Befehl beladen lassen.“*[220] Wie konnte es sich ein bayerischer Offizier anmaßen, unter Bruch alten Rechts sich so zu erhöhen und damit seinen Herren zu beleidigen?[221]

Pappenheim verstand den Wink sofort und gab all seine Ansprüche auf. Der Prozess gegen Friedrich Ulrich wurde schließlich am 19. Oktober 1629 zugunsten des Herzogs entschieden.[222]

Die Episode wiederspiegelt den Ehrgeiz des Treuchtlingers und ebenso das Chaos der Zeit. Sie verdeutlicht, zu welchen Winkelzügen Wallenstein fähig war, aber auch, dass andere Aufsteiger aus den Reihen des Militärs diesem Beispiel gerne gefolgt wären. Der alte, gefestigte Tilly erwog das Angebot eher zurückhaltend. Der junge Pappenheim ließ sich sofort von dem Glanz einer Krone blenden.[223] Auf protestantischer Seite sollte später Bernhard von Sachsen Weimar zum *„Soldatenfürsten“* eines künstlichen Territorialgebildes aufsteigen. Pappenheim konnte zumindest im Laufe des Jahres 1628 einige weitere Güter in Bayern erwerben, die zur Erbmasse verstorbener Verwandter gehört hatten und so seine Treuchtlinger Besitztümer arrondierten.[224]

Die Episode in Wolfenbüttel zeigt aber auch, dass es zwischen Pappenheim und seinem Kurfürsten zunehmend zum Bruch kam. Dass dieser ihm das Streben nach Rangerhöhung verweigerte, welches Wallenstein ihm zu ermöglichen gedachte, liefert eine weitere Erklärung dafür, wie der Friedländer den Kavallerieführer in seinen Bann ziehen konnte.[225]

General Pappenheim

Tilly blieb im Jahr 1628 weitestgehend inaktiv. Wallenstein belagerte mit großem Aufwand, aber letzten Endes erfolglos, Stralsund. Pappenheim hatte im Sommer heftig mit einem Malariaanfall zu kämpfen. Daher ließ er nach seinem alten Lebensretter Dr. Andre in Prag schicken, was sein Vertrauen in die Fähigkeiten dieses Mediziners, der im übrigen Protestant gewesen ist, unterstreicht.[226]

Im Herbst 1628 bat der Friedländer Tilly, er möge Pappenheim nach Glückstadt und Krempe schicken, um die dortigen dänischen Befestigungsanlagen zu begutachten. Glücksburg war einst als Konkurrenzsiedlung zu Hamburg nahe der Elbemündung entstanden, konnte seinem Namen aber keine Ehre machen. Pappenheim hielt die Festung für schlecht angelegt. Trotzdem hielt Glücksburg einer Belagerung stand, da es den Kaiserlichen an schweren Kanonen mangelte. Krempe dagegen fiel wenige Wochen später in die Hand der Ligatruppen.[227] Im September 1628 ernannte Maximilian Pappenheim zu seinem Generalfeldzeugmeister (ebenfalls eine Funktion im Rang eines Obersten).[228]

216 Vgl.: Heß: Pappenheim, S. 73-74.
217 Vgl.: Stadler: Pappenheim, S. 348.
218 Vgl.: Heß: Pappenheim, S. 74-75; Rill: Tilly, S. 198-199.
219 Vgl.: Mann: Wallenstein, S. 591; Junkelmann: Tilly, S. 382.

220 Zit.: Heß: Pappenheim, S. 75.
221 Vgl.: Mann: Wallenstein, S. 591.
222 Vgl.: Stadler: Pappenheim, S. 350-351.
223 Vgl.: Heß: Pappenheim, S. 71-72.
224 Vgl.: Stadler: Pappenheim, S. 285-290.
225 Vgl.: Heß: Pappenheim, S. 76-78.
226 Vgl.: Stadler: Pappenheim, S., 299-300.
227 Vgl.: Stadler: Pappenheim, S. 300-301.
228 Vgl.: Wittich: Pappenheim, S. 149.

Der Winter 1628/29 war trostlos. Die Ligatruppen litten an mangelnder Verpflegung und schlechten Quartieren. „*Liegen nun allhier fangen nichts an; Weis auch niemand ob etwas angefangen werden soll, nur allein daz volckh ruinirt unnd verdorben würdt, und täglich hinweckh laufft, wie dan fast uf der andern seit ein anderthalb Tausend Mann zue Roß und fueß von unß hinweckh zum Feindt gelauffen seindt: würdt alßo die Armee gewaltig ruinirt und dz leider dz volckh sehr stürbt und hinwecks leüfft*“,[229] beklagte sich ein Oberst bei Tilly. Versorgungsmängel und ausbleibender Sold bildeten den Hauptdesertationsgrund für Soldaten des Dreißigjährigen Krieges. Die Söldner flohen nicht, wie etwa im 18. und 19. Jahrhundert vor dem Kriegshandwerk per se, sondern aus einer Armee, die ihnen ihre Existenzgrundlage nicht mehr sichern konnte.[230] Hinzu kommt, dass es der durchschnittliche Soldat dieser Zeit nicht gewohnt war, zu wirtschaften und Rücklagen zu bilden. Der einmal gewonnene Reichtum, sei es in Form von Geld oder Naturalien wurde sofort verprasst. Morgen konnte man ja schon tot sein, warum also sparen? Peter Hagendorf, der mit seinem Regiment auch in Norddeutschland stand, berichtet von einem sehr wechselhaften Osterfest: „*Am, carfreitag, haben wir brodt, fleichs gnug gehabt, und am heiligen ostertag haben wir kein mundt fol brodt haben können.*“[231]

Auch viele von Tillys Offizieren hofften auf ein Auslaufen ihrer Patente, um in die kaiserliche Armee übertreten zu können. Wallenstein zahlte einfach besser.[232] Aufgrund der schlechten Versorgungslage war Tilly gezwungen seine Truppen zu reduzieren. Auch Pappenheim sollte vier seiner 22 Kompanien entlassen, was ein Rückschlag im Streben des Obersten nach einem Generalsrang bedeutete.[233] Der Kurfürst plante darüber hinaus seinen Sold als Generalwachtmeister einzubehalten.[234]

Der enttäuschte Treuchtlinger begab sich daher selbst nach München. Schließlich erhob Maximilian ihn mit Wirkung vom 5. Januar 1629 zum General der Artillerie.[235] Pappenheim war zwar dem Geschützwesen gegenüber sehr aufgeschlossen und galt in diesem Bereich als sehr befähigt, scheint aber diese eher administrative Funktion nie wirklich ausgefüllt zu haben, was sich äußerst negativ auf die Ligaartillerie auswirken sollte.[236]

Der frisch ernannte Ligageneral stand nach wie vor in einem intensiven Briefwechsel mit dem kaiserlichen Generalissimus. Er hatte in Hamburg einen abenteuerlichen Kaperkapitän getroffen, der ihm ein Projekt zur Zerstörung oder Entführung der dänischen Flotte in Kopenhagen vorgeschlagen hatte. Die Flotte war das Rückgrat des skandinavischen Staates, der auch nach Wallensteins Zug an die Nordspitze Jütlands nicht in die Knie zu zwingen war. Pappenheim verwendete sich sehr für dieses Projekt,[237] doch Wallenstein wollte keinen demütigenden Sieg, sondern einen Einigungsfrieden mit Dänemark. Dieser wurde im Juni 1629 nach langen Verhandlungen bei Lübeck abgeschlossen. Damit endete die niedersächsisch-dänische Kriegsphase und Pappenheims Flottenprojekte.[238]

Hatte Wallenstein mit diesem Friedensschluss die äußeren Feinde zunächst befriedigt, so heizte Kaiser Ferdinand den Konflikt im Innern des Reiches erneut an, indem er nun, da seine Truppen die Küsten der Nord- und Ostsee besetzt hielten, auf die Durchsetzung des Reichsrestitutionsedikts drängte.[239]

Anhaltende Krise

Pappenheim reiste im Sommer nach Bayern zurück und heiratete ein zweites Mal. Die Frau seiner Wahl war Anna Elisabeth von Oettingen-Oettingen, eine junge Adlige von 24 Jahren.[240] Die Hochzeit fand am 24. Juni statt. Dank den Bemühungen von Pappenheims erster Frau konnte Anna Elisabeth in ein luxuriös ausgebautes Schloss ziehen. Der General selbst hatte sich zuvor wenig um den Stammsitz seines Vaters in Treuchtlingen gekümmert, doch Anna Ludmilla sorgte für kunstvoll geschnitzte Möbel, kostbare Teppiche und reich bestickte textile Tapeten, meist im orientalischen Stil. An den Wänden hingen teure Bilder mit religiösen Motiven oder die zu dieser Zeit so modernen holländischen Stillleben.[241]

Bald darauf musste der Neuvermählte sich jedoch wieder dem Krieg zuwenden. Infolge des Reichsrestitutionsedikts war die lutherische Stadt Magdeburg, die bisher die Kriegsbemühungen der Kaiserlichen im niedersächsischen Kreis bereitwillig unterstützt hatte, mit hohen Kontributionen belegt worden. Wallenstein wollte im Januar ein Infanterieregiment in die Stadt legen, nicht nur, um die langsam aufsässig werdenden Räte zu befrieden, sondern um sich der Verpflegungskosten für seine Söldner zu entbinden. Die empörten Stadtväter wiesen dieses Anliegen natürlich zurück. Es kam zu zähen Auseinandersetzungen, halb diplomatischer, halb militärischer Natur. Ab März blockierte ein kaiserlich-ligistisches Heer die Stadt. Wallenstein forderte 100.000 Taler oder die Aufnahme eines halben Regiments, machte später allerdings Zugeständnisse und wollte nur noch 50.000 Taler. Doch die Stadtväter blieben hart. Im August wurde Pappenheim mit neuen Forderungen an die Elbmetropole geschickt. Der Graf verlangte nun 300.000 Taler von den Räten, was diese wiederum ablehnten. Daraufhin kündigte Pappenheim an, er werde die Elbe abstechen lassen und die Stadt ebenso fluten, wie wenige Monate zuvor Wolfenbüttel, eine Drohung die die Stadträte unbeeindruckt ließ. Die Elbe war nicht die Ocker![242]

Während der ganzen Zeit der Verhandlungen hatten die Magdeburger ihre Stadt befestigt. Auch die Belagerer errichteten 16 Schanzen und hatten bei verschiedenen Angriffsversuchen immerhin 2.000 Mann verloren. Pappenheim bereitete nun einen Angriff auf die Festung vor.[243]

In dieser angespannten Situation boten die Vertreter der Hansestädte Lübeck, Hamburg und Braunschweig ihre Vermittlung an. Pappenheim berief Ende September neue Verhandlungen ein. In einem Schreiben hatte Wallenstein ihm mitgeteilt, er möge sich mit 50.000 Talern zufrieden geben und den Frieden wiederherstellen. Nach einem zähen Ringen

229 Zit.: Kaiser: Ausreiser und Meuterer, S. 53.

230 Vgl.: Kaiser: Ausreiser und Meuterer, S. 52.

231 Zit.: Tagebuch Peter Hagendorf, S. 38.

232 Vgl.: Wedgwood: Dreißigjähriger Krieg, S. 207.

233 Diese Argumentation nutzt Barbara Stadler und belegt dies mit mehreren Briefen Pappenheims.

234 Vgl.: Stadler: Pappenheim, S. 311-312.

235 Vgl.: Binder: Pappenheim, S. 71.

236 Vgl.: Stadler: Pappenheim, S. 312-314.

237 Vgl.: Heß: Pappenheim, S. 78; Stadler: Pappenheim, S. 302-310.

238 Vgl.: Wedgwood: Dreißigjähriger Krieg, S. 218-219.

239 Vgl.: Wedgwood: Dreißigjähriger Krieg, S. 216-220.

240 Vgl.: Binder: Pappenheim, S. 72; Heß: Pappenheim, S. 360.

241 Vgl.: Stadler: Pappenheim, S. 355-356.

242 Vgl.: Wittich: Pappenheim, S. 150; Stadler: Pappenheim, S. 363-365.

243 Vgl.: Heß: Pappenheim, S. 81.

einigten sich beide Parteien friedlich. Der Magdeburger Rat bot Wallenstein letzten Endes sogar 150.000 Taler, wollte aber die durch die Blockade angefallen Einbußen und Schäden darauf anrechnen, sodass der Friedländer letzten Endes leer ausging.[244] Doch die langwierige Blockade und das stolze Auftreten der Stadträte hatten vor allem den Zorn General Pappenheims entfacht, der fortan nur noch vom *„hochmütigen"* Magdeburg sprechen sollte.[245]

Wallenstein begnügte sich schließlich damit, nur das Halberstädter Stift dem Restitutionsedikt zu unterwerfen. Doch der Sitz des mittlerweile verstorbenen tollen Christian hatte nicht mehr viel zu bieten.[246]

Im September 1629 erreichten den kaiserlichen Generalissimus erste Meldungen über eine mögliche schwedische Landung vor Stralsund, weswegen er von Tilly die Abstellung der Pappenheim-Kürassiere erbat. Doch die Nachrichten erwiesen sich als falsch und Pappenheims Reiter kamen nicht weiter als bis nach Gardelegen.[247]

Für den General bestand der Rest des Jahres nur aus eintönigem Garnisonsdienst. Das Reich war befriedet, oder zumindest bezwungen und die kaiserlichen Heere kämpften in Holland und auch wieder in Italien. Für beide Kriegsschauplätze war Pappenheim immer wieder als Führer eines Truppendetachements im Gespräch, doch er selbst zeigte wenig Interesse: *„Ach in Italia geht es uber und uber!"*[248]

Am 11. September starb Pappenheims Schwiegervater, Graf Herberstorff. Auch er war in der Gunst Maximilians spätestens durch den niederösterreichischen Bauernaufstand gesunken. Bei einem letzten Besuch in München im Jahr zuvor hatte der Kurfürst alle seine Anliegen kalt abblitzen lassen, worauf sich der Graf vergrämt nach Kärnten zurückgezogen hatte. Pappenheim und er hatten sich stets sehr nahe gestanden. Womöglich trug auch das Verhalten Maximilians gegenüber seinem Schwiegervater dazu bei, dass sich der General mehr und mehr von Bayern abwandte.[249]

Wallensteins Absetzung

Pappenheims Blick richtete sich nun auf Holland. Die junge Republik kämpfte seit sechzig Jahren um ihre Unabhängigkeit und war vom ehemaligen Mutterland Spanien noch immer nicht anerkannt. Nach einem langen Waffenstillstand waren die Kämpfe 1621 wieder heftig aufgelodert. Das holländische Heer galt nach den Oranischen Reformen als das modernste der Welt und hatte die spanischen Tercios bereits mehrmals geschlagen. Doch der Krieg am Rhein bestand mehr aus den Belagerungen der vielen Sperrforts als aus Feldschlachten.

Pappenheim plante im Winter einen Feldzug, um die Spanier zu entlasten. Am 7. Januar 1630 schrieb er an Wallenstein: *„Weil unser Herr Gott den Frieden in Italien gegeben, so weis ich, es wird Ew. F. Gn. Gemüth gegen die Holländer desto mehr geweckt haben. Ich habe in dieser Materia Mittel gefunden, wie sie innerhalb Jahresfrist bezwungen und zum gehorsam gebracht werden können."*[250]

Es ist vor allem ein Brief, der zeigt, dass Pappenheim kein Mann des Friedens mehr war, sondern der nach dem Krieg dürstete, da er noch längst nicht erreicht hatte, was er erreichen wollte. Wallenstein arbeitete tatsächlich im Frühjahr einen Feldzugsplan gegen Holland aus, obwohl er nach wie vor ein Eingreifen der Schweden im Norden befürchtete. Dieser Plan wurde über den spanischen Gesandten der Regierung in Madrid in die Hände gespielt. Die Spanier hatten Pappenheim aus seiner Zeit in Italien als fähigen Soldaten in Erinnerung behalten und versuchten nun ihn in ihre Dienste zu ziehen.[251]

All diesen Plänen machte der Regensburger Reichstag einen Strich durch die Rechnung. Wallenstein hatte zu viele Feinde im Reich. Die, die unter ihm standen, neideten ihm den schnellen Aufstieg, die, die über ihm residierten, fürchteten, er wolle mit ihnen gleichziehen. Strebte der Friedländer etwa nach dem Kurhut? Maximilian war sein schärfster Gegner und führte die Anti-Wallensteinliga auf dem Reichstag an. Da das Reich befriedet war und das Heer ohnehin reduziert wurde, glaubte der Kaiser auf seinen Generalissimus verzichten zu können und entließ ihn aus dem Dienst. Tilly nahm Wallensteins Stelle ein und Pappenheim erhielt den Befehl über die Liga-Truppen in Niedersachsen.[252] Nachdem Feldmarschall Anholt im Sommer 1629 seinen Dienst in der Liga quittiert hatte, spekulierte der Treuchtlinger zudem auf eine weitere Beförderung. Doch Maximilian konnte sich nicht recht zwischen ihm und Wolf von Mansfeld entscheiden und zögerte die Ernennung eines neuen Feldmarschalls über ein Jahr hinaus.[253]

Nach der Absetzung Wallensteins versuchte auch der Wiener Hof Pappenheim an sich zu binden. Ferdinand ernannte den Ligageneral am 20. März 1630 zum Exekutor des Reichsrestitutionsedikts für Magdeburg und Halberstadt. Doch da Pappenheim dieser Anordnung, wie sein großer Gönner sehr kritisch gegenüber stand, nahm er die neue Aufgabe mit wenig Begeisterung oder Elan wahr.[254]

Ein trostloser Winter

Für Pappenheim stellte der Friedländer ein größeres militärisches, vielleicht sogar privates Vorbild dar, als sein direkter Vorgesetzter Tilly. Wallenstein dankte ihm diese Treue und setzte sich für die Erhebung des Treuchtlingers zum kaiserlichen Feldmarschall ein.

Der Graf blieb ein harscher Kritiker von Tillys Truppenaufstellung und folgte auch darin den Prinzipien des entmachteten Generalissimus. War Wallenstein in den letzten Jahren um die Verteidigung der mecklenburgischen und pommerschen Küste gegenüber einer drohenden schwedischen Invasion besorgt gewesen, so folgte Tilly den militärisch-politischen Interessen seines Kurfürsten. Und diese lagen eher am Rhein und im Westen des Reiches, als im Norden. Folgerichtig stationierte der Ligaführer seine Regimenter im Winter 1630/31 zwischen Weser und Elbe. *„Die einzige Ursach, dass dieser Krieg so lange währet, ist die Sparsamkeit und Verlust von Zeit [...] Der Exempel sind seit der Prager Schlacht so viel, dass man in keine seither verflossene Jahreszeit greifen wird, darin man nit dergleichen par ertappen könnte. Dies letzte aber mit dem Schweden ist das allerärgste"*,[255] schrieb Pappenheim verbittert an den Friedländer.

244 *Vgl.: Heß: Pappenheim, S.79-80; Mann: Wallenstein, S. 607-608.*

245 *Vgl.: Wittich: Pappenheim, S. 150.*

246 *Vgl.: Stadler: Pappenheim, S. 366-367.*

247 *Vgl.: Heß: Pappenheim, S. 86-87; Stadler: Pappenheim, S. 378.*

248 *Zit.: Stadler: Pappenheim, S. 374.*

249 *Vgl.: Heß: Pappenheim, S. 86-87.*

250 *Zit.: Heß: Pappenheim, S. 89.*

251 *Vgl.: Mann: Wallenstein, S. 634-639; Wittich: Pappenheim, S. 150.*

252 *Vgl.: Heß: Pappenheim, S. 98-100; Mann: Wallenstein, S. 652-672; Rill: Tilly, S. 208-210.*

253 *Vgl.: Stadler: Pappenheim, S. 395- 402.*

254 *Vgl.: Wittich: Pappenheim, S. 150.*

255 *Zit.: Mann: Wallenstein, S. 708.*

Sebastian Vrancx (1573-1647), Soldaten überfallen ein Fuhrwerk mit Reisenden
Öl auf Holz (Deutsches Historisches Museum / Wikimedia Commons)

Hierin schlägt sich tatsächlich die wallensteinsche Schule nieder. Obwohl als passiver und zögernder Feldherr kritisiert, versuchte Wallenstein seine Siege politisch und militärisch (letzteres gelang ihm jedoch nicht immer) zu nutzen, dem Feind keine Zeit zu geben sich zu sammeln und neue Söldner anzuwerben. Tilly dagegen, obwohl vielleicht der bessere, erfahrenere Schlachtenlenker, begnügte sich nach einem Sieg meist zunächst mit der Absicherung des Gewonnenen und der Reorganisation der Truppen. Pappenheim war mehr als beide ein offensiv denkender Führer. Er besaß sicherlich nicht die politischen Fähigkeiten, um die diplomatischen Folgen eines Gefechtes zu nutzen, wie Wallenstein, aber im Gegensatz zu diesem auch den Drang einen geschlagenen Feind so zu verfolgen, dass er sich nicht wieder würde sammeln können.[256]

Voreilige Angriffe

In der Folge blieb Pappenheim einer der fleißigsten Briefpartner Wallensteins während dessen militärischen Exils. In seinen Schreiben brachte er die Hoffnung zum Ausdruck, der *„Soldatenvater“* Wallenstein möge alsbald zu seinen Truppen zurückkehren.[257]

Während des Winters nahmen die Gerüchte über ein baldiges Eingreifen Schwedens in den Krieg immer mehr zu. Gustav Adolf hatte 1629 einen Waffenstillstand mit Polen geschlossen und rüstete erneut zum Krieg. Viele norddeutsche Fürsten setzten ihre Hoffnungen nun auf den Schweden, wie vorher auf Christian von Dänemark. Herzog Franz Karl zu Sachsen Lauenberg warb bereits Truppen an, die er dem König zur Verfügung stellen wollte und überfiel mit ihnen im September 1630 überraschend Boitzenburg, Lauenburg und Neuhaus an der Elbe, sowie das Städtchen Ratzeburg nahe Lübeck. Damit sicherte er den Schweden ein exzellentes Aufmarschgebiet zwischen der Ostsee und Hamburg.[258]

Pappenheim sammelte seine Truppen zum Gegenschlag. Oberst Johann von Reinacher marschierte mit 2.400 Mann auf Neuhaus und eroberte die Stadt zurück. Dann wandte sich der General gegen Ratzeburg. Seine Reiter marschierten mit unglaublicher Geschwindigkeit und überraschten die Söldner Franz Karls am Abend des 22. Oktober. Reinacher blockierte die Stadtbrücke, Pappenheim ließ das Schloss einschließen. Ein Gegenstoß der Protestanten wurde abgewehrt und nach nur kurzen Kämpfen kapitulierte Franz Karl.[259]

Pappenheim ließ den Herzog nach Stade bringen und sicherte die Elblinie. Das Gebiet zwischen Ratzeburg und der Ostsee war so für eine schwedische Landung, aber auch für die weitere Werbung von Soldaten gesperrt.[260] Doch trotz des vorschnellen Losschlagens des Herzogs war absehbar, dass die schwedische Landung bald erfolgen würde.

Im November 1630 wurde Pappenheim schließlich zum Feldmarschall der Ligaarmee befördert.[261] Gleichzeitig trat Tilly auch offiziell das Erbe Wallensteins an.

256 *Vgl.: Mann: Wallenstein, S. 708-710.*
257 *Vgl.: Mann: Wallenstein, S. 706-707.*

258 *Vgl.: Heß: Pappenheim, S. 100; Stadler: Pappenheim, S. 444-445.*
259 *Vgl.: Heß: Pappenheim, S. 101; Stadler: Pappenheim, S. 446-447.*
260 *Vgl.: Heß: Pappenheim, S. 101; Stadler: Pappenheim, S. 447.*
261 *Vgl.: Wittich: Pappenheim, S. 152; Stadler: Pappenheim, S- 454-455.*

Eine schwere Batterie beschießt die Festung Magdeburg

GUSTAV ADOLF GREIFT EIN

Schweden entwickelte sich im frühen 17. Jahrhundert unter Gustav II. Adolf zu einer der führenden europäischen Militärmächte. Seit 1617 hatte sich die Schlagkraft von Armee und Flotte enorm erhöht. Um Kosten zu sparen, setzte der König auf ein wehrpflichtähnliches Rekrutierungsprinzip und schuf dadurch eine Armee, die fast ausschließlich aus Nationalschweden bestand.[262]

Diese Truppen wurden in den 1620er Jahren in etlichen Feldzügen gegen das schwächer werdende Königreich Polen getestet.[263]

Das kaiserlich-ligistische Heer dagegen war unter den gewaltigen Sparzwängen, welche Ferdinand, Maximilian und der Ligarat ihnen auferlegten, auf 40.000 (Kaiserliche), bzw. 20.000 (Ligistische) Mann reduziert worden.[264]

Nachdem die vorausschauenderen unter den katholischen Heerführern seit längerem ein Eingreifen der Schweden in den Krieg erwarteten, landete Gustav II. Adolf am 30. Juli 1630 mit 14.000 schwedischen Soldaten in Peenemünde. Schnell gelang es ihm, die mecklenburgische und pommersche Küste unter seine Kontrolle zu bringen und sein Heer durch massive Werbungen weiter aufzurüsten. Dann wandte er sich nach Süden, die Oder hinauf.[265]

Magdeburg

Gustav Adolf suchte nach Verbündeten, die seine Vormarschlinie sichern könnten. Daher war er besonders an der Elbfestung Magdeburg interessiert. Die Stadt sicherte den Fluss und damit eine wichtige Verbindungslinie nach Norden, bildete aber auch eine Verteidigungsstellung nach Süden.[266]

Doch noch war Gustav Adolf an der Ostseeküste gebunden, wo er die von Wallenstein installierten Garnisonen niederkämpfen musste. Aber zur Freude des Schwedenkönigs entschloss sich die Elbstadt ein Bündnis mit ihm einzugehen. Das Restitutionsedikt hatte zum endgültigen Bruch mit dem schon seit längerem kaiserkritischen Stadtrat geführt. Der Administrator Magdeburgs, Christian Wilhelm von Brandenburg; begann sofort mit der Anwerbung von 3.000 Söldnern, die die kaiserlichen Truppen auf dem Gebiet des Stifts überfielen.[267] Auf diese Weise kamen sie der kaiserlich-ligistischen Armee, die zur Besetzung der Stadt heran eilte, zuvor.

Auf einem Kriegsrat mit Tilly, der nach Norden marschiert war, um die Weserlinie zu sichern, prahlte Pappenheim übermütig, sein Korps sei stark genug, um Magdeburg zu nehmen. Der Feldherr vermutete, dass seinem Reiterführer die vermeintlich leichten Siege in Oberösterreich zu Kopf gestiegen seien: *„Ihr müsst wissen, dass ihr die ländlichen Bauern nicht, sondern einen guten Wall und Soldaten vorhabt."*[268]

1630 vertiefte sich die Kluft zwischen Pappenheim und Tilly zunehmend. Der Feldmarschall gab sich als treuer Wallensteinanhänger und forderte in seinen Briefen an den Friedländer dessen Rückkehr. Tilly galt ihm als zu alt und vorsichtig, um das Kommando über die Truppen noch führen zu können. Insgeheim hoffte Pappenheim den alten Brabantiner im Oberbefehl selbst beerben zu können.[269] Trotzdem betraute Tilly den Feldmarschall mit dem Unternehmen gegen die Elbfestung. Für Pappenheim war die Stadt ein Objekt des persönlichen Hasses. Die Erinnerungen an das *„hochmütige"* Magdeburg von 1629 waren noch nicht verblasst. Die Eroberung war ihm ein militärisches, politisches, religiöses und nicht zuletzt persönlich wichtiges Ziel.[270]

Gustav Adolf sandte inzwischen seinen Obersten Dietrich von Falkenberg an die Elbe, um die Festungswerke zu inspizieren und Magdeburg wenn nötig auf eine Belagerung vorzubereiten.[271]

Im Dezember gab Tilly dem Drängen Pappenheims nach und ließ diesen die Belagerung der Stadt vorbereiten. Doch dafür reichten dessen Truppen nicht aus. Zunächst musste das Magdeburger Umland erobert werden. Am 11. Dezember stand seine kleine Armee vor Halberstadt, welches Falkenberg zur Festung hatte ausbauen lassen. 800 protestantische Knechte lagen in der Stadt und empfingen die Ligistischen mit wütendem Abwehrfeuer. Pappenheim musste einsehen, dass sein erster Handstreich gescheitert war und belagerte die Stadt vier Tage lang, bis sie am 15. Dezember kapitulierte.[272]

Der Feldmarschall war danach gezwungen, sich auf eine lose Blockade Magdeburgs zu beschränken, da sich sein Korps für eine förmliche Belagerung doch als zu schwach heraus stellte. Die Kommunikation der Räte mit den Schweden konnte er keinesfalls unterbinden.[273] Während Tilly, dessen Truppen in Mitteldeutschland standen und unter Nahrungsmangel litten, zögerte noch länger in den ausgesogenen Gebieten stehen zu bleiben, drängte Pappenheim zum Sturm auf Magdeburg.[274] Aber auch der alte Tilly war sich der Bedeutung der Stadt längst bewusst, wie aus einem Brief an den Treuchtlinger hervorgeht: *„Wenn nun zwar sein [Gustav Adolfs, A.Q.] weiteres Vorhaben uns noch zur Zeit nicht bewusst, so vermuten wir jedoch, er möchte vielleicht auf Magdeburg zu rücken. Derowegen wollen Euer Liebden fleißig vigilieren und aller Enden Kundschaft auslegen."*[275]

Pappenheim standen nur acht Geschütze zur Verfügung und der bereits einsetzende Frost verhinderte das Ausheben von Laufgräben, wie er in einem Schreiben dem Markgrafen Christian von Kulmbach mitteilte: *„Wir liegen hier noch ziemlich wohl underm Tach, und haben die Notturfft prouiant, allein weiln Wir der Kälte halber nit in die Erden können, so müssen Wir Unß nit den Wachten desto härter angreifen, gibt also wenig schlaffens, und wer sich nit will übel auffwecken lassen, der muss sich wohl nie schlaffen legen."*[276]

Über den Winter entspann sich nun zunächst ein diplomatischer Belagerungskampf. Der noch auf dem Marsch befindliche Tilly hatte die Stadt am 19. Dezember förmlich zur Übergabe aufgefordert, was die Räte rundheraus abgelehnt hatten. Pappenheim versuchte den geschickten Ingenieur Falkenberg ab Februar 1631 ins kaiserliche Lager zu ziehen.

262 *Vgl.: Olesen: Der schwedische Machtstaat, S. 52.*
263 *Vgl.: Olesen: Der schwedische Machtstaat, S. 56; Findeisen: Gustav Adolf, S. 105-116.*
264 *Vgl.: Stadler: Pappenheim, S. 456-459.*
265 *Vgl.: Findeisen: Gustav Adolf, S. 169-190; Englund: Verwüstung, S. 123-130.*
266 *Vgl.: Wedgwood: Dreißigjähriger Krieg, S. 234-248.*
267 *Vgl.: Rill: Tilly, S. 222.*
268 *Zit.: Rill: Tilly, S. 225.*
269 *Vgl.: Rill: Tilly, S. 225.*
270 *Vgl.: Wittich: Pappenheim, S. 152.*
271 *Vgl.: Rill: Tilly, S. 222-223.*
272 *Vgl.: Heß: Pappenheim, S. 108; Rill: Tilly, S. 226; Stadler: Pappenheim, S. 470.*
273 *Vgl.: Rill: Tilly, S. 225-226.*
274 *Vgl.: Wedgwood: Dreißigjähriger Krieg, S. 249; Rill: Tilly, S. 223-224.*
275 *Vgl.: Rill: Tilly, S. 224.*
276 *Zit.: Heß: Pappenheim, S. 109.*

Matthäus Merian der Ältere, Magdeburg, von Tilly belagert, 1631

Zerstörung der Stadt Magdeburg am 20. Mai 1631.
Das kaiserliche Heer unter Johann Tserclaes Graf von Tilly erstürmt und brandschatzt Magdeburg.
Kolorierter Kupferstich (AKG-Images)

In völliger Überschreitung seiner Machtbefugnis bot Pappenheim dem schwedischen Festungskommandeur 400.000 Taler und einen Grafentitel, sollte er ins kaiserliche Lager wechseln. Falkenberg lehnte das Angebot mit scharfen Worten ab und drohte jedem weiteren Melder, der ihm solche Botschaften überbringen würde, den Strick an.[277]

In der Zwischenzeit schloss sich der Belagerungsring enger um die Stadt. Tilly traf an der Elbe ein und ließ schwere Geschütze aus den norddeutschen Festungen heran führen. Pappenheim sollte nun den im Nordosten der Stadt gebildeten Einschließungsring übernehmen.[278] Hier kam er sich mit dem Obersten Wolf von Mansfeld in die Haare. Obwohl Mansfeld deutlich rangniedriger war als Pappenheim, glaubte er als kaiserlicher Verwalter des Stifts Magdeburg ein Vorrecht auf das Kommando der Belagerungstruppen zu haben. Mansfeld spekulierte wohl darauf, dass Pappenheim sich nach dem Fall der Stadt den Titel eines Burggrafen aneignen wollte (was nach der braunschweigischen Affäre nicht abwegig war). *„des Papeheimb ambition ist so gros, das sie nirgend alended.“*[279] Auf diesen spekulierte der Stiftsverwalter jedoch selbst.[280] Die beiden sturen Kavalleristen zerstritten sich. Tilly musste schlichten. Er teilte die Belagerungstruppen und übergab die größere Hälfte an Pappenheim, womit dessen militärische Bedeutung unterstrichen wurde.[281]

Während vor Magdeburg die Kämpfe vor allen in den Hauptquartieren ausgetragen wurden, eroberte Gustav Adolf eine Oderfestung nach der anderen. Im Januar hatte Tilly einen Vorstoß nach Frankfurt an der Oder gewagt. Doch seine Truppen waren schlecht versorgt und der brandenburgische Kurfürst drohte damit, endgültig ins schwedische Lager zu wechseln, wenn die Katholiken weiterhin seine Dörfer plünderten. Auch Wallenstein unternahm nichts, um aus seinem noch nicht vollständig besetzten Herzogtum Mecklenburg heraus Tillys Truppen mit Getreide, Vieh und Bier zu beliefern.[282] Es folgte ein Manöverkrieg mit Gustav Adolf. Pappenheim schickte einen Brief an seinen Kommandeur und warnte davor, dass er sich nicht von dem Schweden nach Pommern hineinziehen lassen sollte, wo die Kaiserlichen womöglich abgeschnitten werden konnten.[283]

Während Tilly in Brandenburg operierte, musste Pappenheim versuchen die Blockade Magdeburgs aufrecht zu erhalten. Doch die starke Garnison der Stadt unternahm immer wieder kraftvolle Ausfälle gegen seine Vorposten. Bei einem dieser Gegenstöße wurde ein kaiserlicher Oberstleutnant mit wichtigen Briefen Wolf von Mansfelds abgefangen. Diese legten Pappenheims Belagerungsplan dar.[284]

Der Feldmarschall war über die andauernde Belagerung und die Misserfolge Tillys in Brandenburg so niedergeschmettert, dass er ein Pamphlet veröffentlichte, in welchem er Klage gegen die schlechte Kriegsführung der Katholiken erhob. Zeitverschwendung, übertriebener Sparzwang und die mangelnde Einsicht zur Kräftekonzentration waren Punkte,

277 *Vgl.: Heß: Pappenheim, S. 110; Rill: Tilly, S. 244-245.*
278 *Vgl.: Rill: Tilly, S. 227.*
279 *Zit.: Stadler: Pappenheim, S. 491.*
280 *Vgl.: Stadler: Pappenheim, S. 490-491; Heß: Pappenheim, S. 118; Stadler: Pappenheim, S. 472.*
281 *Vgl.: Rill: Tilly, S. 227.*
282 *Vgl.: Rill: Tilly, S. 228-238; Wedgwood: Dreißigjähriger Krieg, S. 250-251.*
283 *Vgl.: Wedgwood: Dreißigjähriger Krieg, S. 237.*
284 *Vgl.: Heß: Pappenheim, S. 112.*

die er anprangerte. Auch seinen Kommandeur Tilly kritisierte er scharf und trieb so einen immer größer werdenden Keil zwischen sich und die Liga.[285] Die von dem Feldmarschall angeforderten Neuanwerbungen von Truppen wurden daher nicht bewilligt.[286]

Erst im Februar, nachdem Tilly kurz an die Elbe zurückgekehrt war und sich ein Bild der Lage gemacht hatte, wurden die Belagerungsstreitkräfte verstärkt. Pappenheim hatte schwere Geschütze aus Wolfenbüttel die Elbe hinauf bringen lassen und erhielt zugleich große Zwölfpfünder aus Hameln und mehr Infanterie. Aber trotzdem war der Ring um Magdeburg sehr durchlässig, sodass auch die Protestanten immer wieder neue Truppen in die Stadt schmuggeln konnten.[287]

Da Tillys Unternehmungen in Brandenburg fruchtlos blieben, kehrte er im April 1631 nach Magdeburg zurück.[288] Pappenheim war enttäuscht über den Ausgang des Feldzuges. Je mehr Tillys Stern in seinen Augen verblasste, desto stärker leuchtete der Wallensteins, dessen Rückkehr er weiterhin in seinen Schreiben beschwor.[289]

Indessen nahm die Belagerung eine fanatische Komponente an. Die lutheranischen Pastoren ereiferten sich gegen die kaiserlichen Belagerer und deren Feldmarschall. Dieser reagiert zunehmend verbittert über den Anschluss der deutschen Protestanten an Schweden.[290] Ein Sekretär Pappenheims notierte zu dieser Zeit eine Bemerkung, die ein schreckliches Licht auf die kommenden Ereignisse warf: *„Es wird eine große Verbitterung geben, dass sie einander schlachten und aufmetzeln werden, als wenn es keine Menschen, sondern unvernünftige Tiere wären.“*[291]

Da die Streitigkeiten zwischen Pappenheim und Mansfeld noch nicht beigelegt waren, befahl Tilly, dass der Feldmarschall auf dem rechten Elbufer die Belagerung leiten sollte und der Verwalter auf dem Linken. Zugleich ordnete er an, dass die letzten vorgeschobenen Schanzen eingenommen werden mussten.[292]

In der Nacht vom 9. auf den 10. April erstürmte das Regiment Savelli unter Pappenheims direktem Kommando eine Schanze beim Dorf Prester. Ein befestigter Turm im Vorort Krakau wurde mit fünf Geschützen zusammengeschossen. Einen Tag später eroberten Mansfelds Truppen auf dem anderen Ufer drei Schanzen mit den martialischen Namen *„Trutz-Tilly“*, *„Trutz-Pappenheim“* und die Magdeburger *„Succurs“*. Die Magdeburger verloren in diesen Kämpfen 500 Soldaten.[293]

Am 16. April begannen Pappenheims Soldaten mit der Beschießung der Zollschanze, die seine Truppen am 25. vergeblich einzunehmen versuchten. Tilly ließ daher weitere Batterien anlegen, die die Protestanten aus dem Vorwerk vertrieben.[294]

Da mit dem einsetzenden Frühling der Boden aufweichte, konnten die Belagerer nun Laufgräben gegen die Wälle der Stadt vorbringen. Die Protestanten mussten mehrere Außenwerke räumen. Pappenheim selbst hatte am 23. April bei Schönebeck die Elbe überquert und belagerte jetzt mit fünf Regimentern die Magdeburger Neustadt. Doch die Besatzung der Festung brannte die Vorstadt nieder, sodass der Feldmarschall am 24. April nur noch in die schwelenden Ruinen einritt. Diese Maßnahme der Protestanten mag ebenfalls ein aufklärendes Licht auf die noch folgenden Ereignisse werfen.[295]

Pappenheim schlug die verblieben 200 Verteidiger zurück und ging gegen die unmittelbare Befestigung der Stadt vor. Am 28. April ruderten einige seiner Fähnlein in Kähnen auf die Buckauer Insel und nahmen ein Vorwerk ein, sodass sie Laufgräben gegen die Zollschanze ausheben konnten. Ein erneuter Sturm auf diesen Brückenkopf am 30. April scheiterte aufgrund schlechter Witterung. Falkenberg erkannte jedoch die aussichtlose Lage der dortigen Verteidiger und ließ die Anlage räumen. Die Elbbrücke wurde nahe der Stadt abgetragen. Alle Verteidiger konzentrierten sich jetzt auf dem linken Elbufer.[296]

Hier unternahmen sie Ausfälle gegen die Laufgräben der Kaiserlichen in der Vorstadt, zerstörten einmal etliche Schanzkörbe und Werkzeuge und hätten Pappenheim selbst fast gefangen genommen. Trotz dieser verzweifelten Gegenwehr erreichten die Laufgräben die Wälle der Stadt am Neuen Werk.[297]

Während der Belagerung wurde Pappenheim am 8. Mai auch zum Feldmarschall der kaiserlichen Armee ernannt.[298]

Am 17. Mai konnten die Belagerer vier Batterien mit 16 schweren Kartaunen vor der Neustadt errichten, die ihre Kugeln in die Gassen Magdeburgs warfen. Ein Sturmversuch am gleichen Tag scheiterte, aber Tilly forderte die Stadt ein weiteres Mal zur Kapitulation auf.[299] Allerdings hatten die Verteidiger einen seiner Adjutanten mit Befehlen an Pappenheim abfangen können. Aus diesen Befehlen ging auch hervor, dass die Katholiken mit dem Herannahen Gustav Adolfs rechneten.[300]

Während Tilly der Stadt die Möglichkeit zur Kapitulation geben wollte, was am Widerstand Falkenbergs scheiterte, bat Pappenheim darum, endlich die Nordseite stürmen zu dürfen. Er schilderte Tilly, dass die Stadt an dieser Stelle sturmreif sei und dass das vermeintliche Nahen Gustav Adolfs ein Grund mehr zur Eile sei. Schließlich lenkte Tilly ein und befahl für den Morgen des 19. Mai den Angriff.[301]

285 *Vgl.: Stadler: Pappenheim, S. 477-478.*

286 *Vgl.: Stadler: Pappenheim, S. 478-480.*

287 *Vgl.: Stadler: Pappenheim, S. 487-488.*

288 *Vgl.: Rill: Tilly, S. 238-242.*

289 *Vgl.: Heß: Pappenheim, S. 113-118.*

290 *Vgl.: Rill: Tilly, S., S. 243; Huf: Mit Gottes Segen, S. 148-150.*

291 *Zit.: Rill: Tilly, S. 245.*

292 *Vgl.: Rill: Tilly, S. 245; Stadler: Pappenheim, S. 499.*

293 *Vgl.: Rill: Tilly, S. 246; Heß: Pappenheim, S. 118-119.*

294 *Vgl.: Khevenhüller: Anales Fernandei, S. 1795; Heß: Pappenheim, S. 119.*

295 *Vgl.: Khevenhüller: Anales Fernandei, S. 1795; Heß: Pappenheim, S. 120.*

296 *Vgl.: Rill: Tilly, S. 248; Heß: Pappenheim, S. 119; Stadler: Pappenheim, S. 503.*

297 *Vgl.: Heß: Pappenheim, S. 121; Stadler: Pappenheim, S. 506-507.*

298 *Vgl.: Findeisen: Dreißigjähriger Krieg, S, 276, 280; Stadler erwähnt diese Ernennung nicht.*

299 *Vgl.: Khevenhüller: Anales Fernandei, S. 1801; Heß: Pappenheim, S. 121-122; Rill: Tilly, S. 249-250.*

300 *Vgl.: Heß: Pappenheim, S. 122.*

301 *Vgl.: Rill: Tilly, S. 250.*

Verschiedene Rapiermodelle aus der Zeit des Dreißigjährigen Krieges. Das Rapier war wegen seiner Länge und Robustheit eine ideale Reiterwaffe. Die *„Körbe“,* die die Hand schützen sollten, waren im deutschen Raum meist aus einem verspielten Drahtgeflecht gestaltet, während in Spanien bevorzugt halbrunde Glocken verwendet wurden. Im deutschen Raum wurden dagegen auch stilisierte Muschelschalen (links) oder Korbgeflecht (2. von rechts) zur Verstärkung des Korbes verwendet. Degen mit diesem verbesserten Handschutz kamen um 1630 in Gebrauch und werden auch als Pappenheim-Rapiere bezeichnet. Ganz rechts ein etwas kürzerer, dafür breiterer Haudegen.

Die geschändete Jungfrau

Nach der langen, zähen Belagerung verlief der Sturm Magdeburgs schnell und glatt. Gegen fünf Uhr am 21. Mai begann Pappenheim mit den Regimentern Wangler, Gronsfeld, Savelli und seinem eigenen, insgesamt 5.300 Soldaten, den Sturm auf die Neustädter Werke. Diese hatten keine vorgelagerte Streichwehr und lagen leicht hangabwärts, boten also den Angreifern alle Vorteile.[302]

Doch wieder zögerte Tilly. Als westlich der Stadt ebenfalls Sturmtruppen in Stellung gingen, wollte er noch einmal Kriegsrat halten. Aber Pappenheim drängte weiter auf die Attacke, die dann um 7 Uhr begann.[303]

Während Falkenhain noch mit den Räten Magdeburgs über die mögliche Kapitulation diskutierte, stürmten Pappenheims Soldaten die Brustwehren und vertrieben die wenigen Verteidiger von den oberen Wällen. Kurz darauf standen die Pappenheimer bereits auf den Wällen und drangen in die Stadt ein.[304]

Auch Peter Hagendorf hatte die Festung Magdeburg den ganzen Winter lang belagert und stürmte nun mit durch die aufgebrochenen Tore: *„den 20 Meige [eigentlich 21. Mai, A.Q.], haben wir mit ernst angesedtzet undt gesturmet undt auch erobert, da bin ich mit sturmer handt ohn allen schaden, In die stadt gekommen, aber in die Stadt am neistadter tohr bin ich 2 Mal durch den leieb geschossen worden, das Ist meine beute gewesen.“*[305]

Pappenheims entfesselte Soldaten stürmten durch die Stadt. Während die Truppen des Herzogs von Holstein noch vergeblich das Hornwerk im Westen berannten, begann in den Straßen bereits das Hauen, Stechen, Vergewaltigen und Plündern. Falkenberg versuchte die Stadtwache zu sammeln, aber er wurde von Kaiserlichen umringt und als er das angebotene Pardon abgelehnt hatte, nieder gemacht. Daraufhin brach der letzte Widerstand zusammen.[306]

Was nun in Magdeburg geschah ist so konfus, wie der Brand von Moskau 1812. An mehreren Stellen loderten Feuer auf. Es ist möglich, dass die Stürmenden und Plündernden in ihrem Rausch einige Häuser anzündeten, aber es ist auch nicht auszuschließen, dass die Protestanten in ihren religiösen Eifer die Stadt selbst ansteckten. Eine Münchener Zeitung behauptete dies: *„Durch Anstiftung des schwedischen Feldmarschalls Falckenberg haben ein Teil Bürger, damit den Tillyschen keine Beute zuteil würde, die Stadt oder eine große Anzahl Häuser selbst angezündet und in Brand gesteckt.“*[307] Anderen Berichten zu Folge sollen Pappenheims Soldaten beim Sturm zwei Häuser mit Geschützen in Brand geschossen haben, in denen sich einige protestantische Musketiere verschanzt hielten.[308] Doch für den großen Brand, der die Stadt innerhalb weniger Stunden vernichtete, reichte ein Herd wahrscheinlich nicht aus. Diese Meinung nimmt heute auch die Forschung an. Tilly, so heißt es, wäre aufgrund seiner strengen Gläubigkeit zu so einer Tat gar nicht in der Lage gewesen.[309] Pappenheim schon eher, doch der hatte nach dem Sturm auch keine Kontrolle mehr über dass, was in der Stadt geschah. Nur mit Gewalt konnte er den protestantischen Administrator Christian Wilhelm vor den Degen seiner Söldner bewahren.[310]

Im Theatrum Europaeum heißt es dazu:

„Dann das Pappenheimische Volck / wie auch die Wallonen / so am aller Unchristlichen ärger als Türcken gewütet / keinem leichtlich Quartier gegeben / sondern haben mit nidergehawen / beydes der Weiber und kleinen Kinder / auch schwanger Weiber in Häusern und Kirchen / ingleichen an Geistlichen Personen also tyrranisiret und gewütet / dz auch viel von dem andern Tyllischen Volck selber ein Abschew darvor gehabt.“[311]

Auch der Magdeburger Bürgermeister Otto von Guericke beschrieb die Greuel:

„Als nun durch den General Pappenheim eine ziemliche Anzahl Volkes auf den Wall bei der Neustadt und da herum in die Gassen der Stadt gebracht, auch der von Falckenberg erschossen und das Feuer an allen Enden eingelegt worden, da war es um die Stadt geschehen und aller Widerstand zu spät und vergebens [...] Da ist nichts als Morden, Brennen, Plündern, Peinigen, Prügeln gewesen. Insonderheit hat ein jeder von den Feinden nach vieler und großer Beute gefragt.“[312]

Tilly und Pappenheim versuchten verzweifelt ihre plündernde Soldateska zu kleinen Löschtrupps zu sammeln. Doch alle Bemühungen waren vergeblich. Die eng gebauten Fachwerkhäuser, die Lager und Speicher, sie alle boten den Flammen einen viel zu guten Nährstoff.[313]

In dem sich ausbreitenden Feuer versank Magdeburg in Schutt und Asche. *„Magdeburgisieren“* wurde geradezu ein militärischer Fachbegriff für das Niederbrennen von Städten, ähnlich wie *„Coventrisieren“* im 20. Jahrhundert ein Synonym für das Zerbomben von Metropolen. Der sogenannte *„Magdeburger Pardon“* wurde noch während des gesamten Krieges kaiserlichen Soldaten mit einer Pistolenkugel oder der Degenspitze gewährt.[314]

Bis heute ist nicht geklärt, inwiefern Pappenheim an der Einäscherung der Stadt direkt beteiligt war. Wie geschildert, ließ er einzelne Häuser gezielt in Brand schießen, in denen sich protestantische Musketiere eingenistet hatten. Daraus aber einen gezielten *„Brandbefehl“* zu formulieren, wie es seine Biografin Barbara Stadler tut, ist widersinnig.[315] Zwar hatte er einen großen persönlichen Hass auf die Magdeburger, doch während der Belagerung beschäftigte er sich auch mit der wirtschaftlichen Situation der Elbmetropole, deren Steueraufkommen er auf jährlich 50.000 Taler schätzte, die Einnahmen aus dem Brückenzoll auf 4.000 und die des Ziegelamtes auf 20.000. Insgeheim rechnete sich der Feldmarschall, dem ja schon der Titel eines braunschweigisch-lüneburgischen Herzogs verweigert worden war, nun Chancen auf das magdeburgische Burggrafenamt aus.[316] Doch auch diese Pläne gingen in Rauch auf. Nach dem Fall der Stadt gab es nichts mehr, was diesen Titel so attraktiv scheinen ließ. Pappenheim glaubte persönlich daran, die Bürger selbst hätten *„in wenigen Stunden diese schöne*

302 *Vgl.: Khevenhüller: Anales Fernandei, S. 1806; Heß: Pappenheim, S. 123-124; Stadler: Pappenheim, S. 508.*

303 *Vgl.: Khevenhüller: Anales Fernandei, S. 1806-1807.*

304 *Vgl.: Stadler: Pappenheim, S. 508; Heß: Pappenheim, S. 124.*

305 *Zit.: Tagebuch Peter Hagendorf, S. 41.*

306 *Vgl.: Khevenhüller: Anales Fernandei, S. 1807; Heß: Pappenheim, S. 124; Rill: Tilly, S. 251.*

307 *Zit.: Milger: Land und Leute, S. 213.*

308 *Vgl.: Wedgwood: Dreißigjähriger Krieg, S. 252; Stadler: Pappenheim, S. 508.*

309 *Vgl.: Huf: Mit Gottes Segen, S. 155-156; Junkelmann: Tilly, S. 384-385.*

310 *Vgl.: Wedgwood: Dreißigjähriger Krieg, S. 251.*

311 *Zit.: Theatrum Europaeum II, S. 368.*

312 *Zit.: Milger: Land und Leute, S. 212.*

313 *Vgl.: Wedgwood: Dreißigjähriger Krieg, S. 252; Junkelmann: Tilly, S. 383-385.*

314 *Vgl.: Wedgwood: Dreißigjähriger Krieg, S. 254; Englund: Verwüstung, S. 134-136.*

315 *Vgl.: Stadler: Pappenheim, S. 512.*

316 *Vgl.: Wittich: Pappenheim, S. 153.*

Stadt mit all ihrem großen Reichthum in die Asche gelegt.“[317] Die Magdeburger hingegen sahen in ihm den eigentlichen Brandstifter, sogar noch mehr, als in Tilly, der von der schwedisch-protestantischen Propaganda zum Jungfrauenschänder abgestempelt wurde. Doch obwohl die Schweden versuchten, diese Niederlage propagandistisch auszunutzen, so lässt sich nicht leugnen, dass sie auch dem Ruf Gustav Adolfs einigen Schaden zugefügt hatte, da er die Stadt nicht, wie versprochen entsetzen konnte.[318]

Nicht durch ein Wunder, sondern durch Tillys Schutz blieb der Dom vor den Flammen bewahrt und mit ihm schätzungsweise 2.000 - 4.000 Magdeburger Bürger. Doch 20.000 - 30.000 Menschen kamen um. Hatte die Stadt im vorigen Sommer noch 31.000 Einwohner, so waren es 1639 noch ganze 450.

Verzögerte Vormärsche

Die Zerstörung Magdeburgs zerschmetterte auch Tillys Pläne für den kommenden Feldzug. Die große Elbfestung war für ihn unbrauchbar geworden. Seine Armee hungerte, was zum Teil daran lag, dass der abgesetzte Wallenstein sich weigerte Getreide aus Böhmen nach Mitteldeutschland schicken zu lassen.[319]

Trotz der schlechten Umstände gelang es dem beim Sturm auf die Stadt schwer verwundeten Söldner Peter Hagendorf, sich zu erholen. Später berichtete er von seiner Behandlung: *„den einmal, bin Ich durch den bauch, forne durch (durch) geschossen, zum anderen durch beide agslen, das die Kugel, Ist In das hembte gelehgen, Also hat mir der feldtscher, die hende auff den Rughen gebunden, das er hat können Meissel, einbringen, Also bin Ich in meine hudten gebracht worden, halb todt.“*[320]

Tilly bat aufgrund der schlechten Nachschublage seinen Dienstherrn Maximilian in das reiche und vom Krieg bisher verschonte Sachsen einrücken zu dürfen. Damit hätte er auch eine sichere Basis nördlich von Böhmen und näher zur Oder, der vermeintlichen Vormarschroute Gustav Adolfs gehabt.[321] Doch der Kurfürst lehnte ab. Immerhin war Johann Georg I. noch nicht vollständig an die Seite des Schweden getreten. Ein landaufzehrendes Heer nach Sachsen zu schicken, hätte diesen Prozess jedoch sehr wahrscheinlich beschleunigt.[322]

Der Feldherr sah sich daher gezwungen nach Südwesten abzuschwenken. Er verbrachte einen tatenlosen Sommer im thüringischen Mühlhausen und wartete hier auf die Zustimmung seines Dienstherren, sich nach Hessen zu wenden. Wenn er von hier aus auch nichts gegen die Schweden unternehmen konnte, lag er zumindest schützend zwischen ihnen und den Kerngebieten der Liga.[323]

Doch es kam alles anders. Im Juni zwang Gustav Adolf den machtlosen Kurfürsten von Brandenburg in ein Bündnissystem. Johann Georg I. von Sachsen, der die Neutralität seines Landes gefährdet sah, folgte ihm. Und da sich auch der hessische Landgraf vor den Ligatruppen an seiner Landesgrenze fürchtete, schloss er sich dem Bündnis ebenso an. Gleichzeitig nahmen die Schweden Greifswald und festigten ihre Herrschaft an der Ostsee. Die beiden entthronten mecklenburger Herzöge kehrten wieder in ihre Residenzen zurück.[324]

Da Johann Georg I. in seiner Verzweiflung versuchte, Druck auf die Liga auszuüben, schickte Tilly Pappenheim zurück zu den schwellenden Trümmern Magdeburgs, um den hier liegenden Elbübergang vor Gustav Adolf zu sichern.[325]

Doch Pappenheims Zug kam längst zu spät. Der Schwedenkönig hatte weiter nördlich bei Werben bereits ein großes befestigtes Lager angelegt. Sein Augenmerk richtete sich auf die Hansestädte an der Nordsee und die protestantischen Stifte des Niedersächsischen Kreises. Pappenheim war mit seinen Truppen bis auf Werben vorgegangen, hatte sich aber dann sogleich respektvoll vor den Erdwerken bis Halberstadt zurückgezogen.[326]

Da Tilly die Gefahr erkannte, beschloss er, selbst nach Magdeburg zurückzukehren und vereinte sich am 27. Juli bei Wolmirstedt mit Pappenheims Korps. Der Feldmarschall berichtete ihm, was er vor Werben gesehen hatte und bestärkte Tillys Pessimismus. Die in Thüringen mit Mühe aufgefrischten Regimenter litten in der ausgesogenen Magdeburger Börde bereits wieder an Hunger. Noch auf ihrer Konferenz erschien ein Melder, der berichtete, dass die Schweden wenige Kilometer nördlich drei von Pappenheims Kavallerieregimentern zersprengt hatten.[327] Die Kürassiere des Feldmarschalls wollten den Schweden ein Karakoliergefecht aufzwingen und wurden von mit blankgezogenem Stahl anreitenden Gegnern einfach überrannt.[328]

Tilly beschloss nun Verstärkungen an sich zu ziehen. Bis Ende August hatte er 14.000 Mann aus Hessen und Süddeutschland versammelt und bereitete einen Angriff auf Werben vor.[329]

Bereits am Anfang des Monats war er mit seinen und Pappenheims Regimentern vor dem Lager der Schweden erschienen und musste sich davon überzeugen, dass sein Feldmarschall nicht übertrieben hatte. Das schwedische Lager war exzellent geschützt und die Soldaten der Liga litten unter Proviantmangel und tranken ihr Wasser aus Pfützen. Die Bauern der umliegenden Dörfer dagegen verkauften das Wasser der nahen Elbe gegen bare Münze[330] wie auch der von seinen Wunden wieder genesene Peter Hagendorf zu berichten weiß. Er zog mit *„auff Werben an der elbe, Alhir hat sich die schwediesse Arme verschasszet, undt Ist eine grausahme hiedtze gewessen, das ein trung, zu dem mal, teuer // war.“*[331]

Noch bevor die Verstärkungen bei ihm eingetroffen waren, zog sich Tilly zurück, auch weil er erfuhr, dass Johann Georg I. ein 20.000 Mann starkes Heer aufgestellt hatte und ihn von seinen nachrückenden Regimentern abzuschneiden drohte.[332]

Tatsächlich war die Gefahr groß. Die Truppen des Grafen von Fürstenberg hatten in Hessen mit Bauernunruhen zu kämpfen. In Weimar versprach der junge ernestinische Herzog Bernhard sich der schwedischen Sache anzuschließen und begab sich ins Lager Gustav Adolfs. Tilly wich nach

317 *Zit.: Wittich: Pappenheim, S. 153.*

318 *Vgl.: Findeisen: Gustav Adolf, S. 185.*

319 *Vgl.: Mann: Wallenstein, S. 729-731; Wedgwood: Dreißigjähriger Krieg, S. 256; Rill: Tilly, S. 255-257.*

320 *Zit.: Tagebuch Peter Hagendorf, S. 41.*

321 *Vgl.: Rill: Tilly, S. 256.*

322 *Vgl.: Wedgwood: Dreißigjähriger Krieg, S. 256; Rill: Tilly, S. 255-257.*

323 *Vgl.: Rill: Tilly, S. 257*

324 *Vgl.: Wedgwood: Dreißigjähriger Krieg, S. 256-257; Rill: Tilly, S. 257-258.*

325 *Vgl.: Rill: Tilly, S. 258.*

326 *Vgl.: Rill: Tilly, S. 258; Stadler: Pappenheim, S. 520-522.*

327 *Vgl.: Rill: Tilly, S. 259; Findeisen: Gustav Adolf, S. 186.*

328 *Vgl.: Stadler: Pappenheim, S. 538.*

329 *Vgl.: Rill: Tilly, S. 259; Findeisen: Gustav Adolf, S. 188.*

330 *Vgl.: Stadler: Pappenheim, S. 539.*

331 *Zit.: Tagebuch Peter Hagendorf, S. 44.*

332 *Vgl.: Rill: Tilly, S. 259- 260; Findeisen: Gustav Adolf, S. 188.*

Süden aus und erhielt vom Kaiser auch die Freigabe im Bedarfsfall nach Sachsen einzurücken.[333] Pappenheim legte auf dem Rückzug noch einen Hinterhalt für die eventuell nachrückenden Schweden, doch Gustav Adolf genügte es, seinen Erfolg propagandistisch auszukosten.[334]

Nach Leipzig

Die Armee der Liga besetzte zunächst Halle und verlangte von den sächsischen Bürgern im nahen Merseburg bereits täglich 15.000 Brote und etliche Fass Bier.[335] Tilly mahnte den sächsischen Kurfürst mehrfach zum Gehorsam gegenüber dem Kaiser. Doch Johann Georg I. entschloss sich, bestärkt durch seinen Feldmarschall Arnim und die Nachricht, dass die Schweden Wittenberg erreicht hatten, Gustav Adolf die Treue zu halten.[336]

Pappenheim rückte am 5. September mit seinen Reitern in Merseburg ein und entwaffnete die sächsische Besatzung. Diesen Übergriff wertete Johann Georg I. als Kriegserklärung gegen sein Land.[337]

Nun da der Anfang gemacht war, ergossen sich die Ligaregimenter in die Leipziger Tieflandbucht und genossen die Segnungen prall gefüllter Kornspeicher. Die Verstärkungen unter Fürstenberg trafen endlich ein. Tillys Heer zog nach Leipzig und forderte den Rat zur Übergabe auf. Außerdem sollte die Messestadt ihm jeden Tag 80.000 Pfund Brot liefern. Der Rat zögerte, doch als am 14. September 8.000 Soldaten vor den Mauern Leipzigs Position bezogen und schwere Kanonen in Stellung brachten, übergaben sie die Stadt. Einen Tag später kapitulierte nach kurzem Beschuss auch die kleine Stadtfestung, die Pleißenburg.[338]

Tilly plante weitere Verstärkungen aus Süddeutschland und Schlesien an sich zu ziehen. Dann wollte er Pappenheim mit einer großen Reiterschar nach Norden schicken und die schwedischen Versorgungslinien nach Mecklenburg unterbinden. Es wäre ein Unternehmen ganz nach dem Geschmack des Feldmarschalls gewesen. Doch am gleichen Tag vereinigten sich bereits die schwedischen und sächsischen Truppen bei Düben, wenige Kilometer nördlich von Leipzig.[339]

Erstaunlicherweise war es Johann Georg I., der nun zur Schlacht drängte. Gustav Adolf mahnte zur Vorsicht, immerhin stand ihm mit Tilly der beste Feldherr Europas gegenüber. Die Beiden wussten nicht, das Leipzig bereits gefallen war.[340]

333 *Vgl.: Wedgwood: Dreißigjähriger Krieg, S. 257; Rill: Tilly, S. 260.*

334 *Vgl.: Stadler: Pappenheim, S. 539; Englund: Verwüstung, S. 136-137.*

335 *Vgl.: Wedgwood: Dreißigjähriger Krieg, S. 257; Rill: Tilly, S. 2561-262; Stadler: Pappenheim, S. 542.*

336 *Vgl.: Wedgwood: Dreißigjähriger Krieg, S. 263.*

337 *Vgl.: Rill: Tilly, S. 262; Kunath: Kursachsen, S. 69.*

338 *Vgl.: Wedgwood: Dreißigjähriger Krieg, S. 257-258; Rill: Tilly, S. 263; Kunath: Kursachsen, S. 72-73.*

339 *Vgl.: Wedgwood: Dreißigjähriger Krieg, S. 258; Rill: Tilly, S. 264; Kunath: Kursachsen, S. 73.*

340 *Vgl.: Wedgwood: Dreißigjähriger Krieg, S. 258-259; Rill: Tilly, S. 264; Englund: Verwüstung, S. 137-138.*

Breitenfeld

Am Abend vor der größten Schlacht des Dreißigjährigen Krieges standen sich 36.000 Kaiserliche mit 26 Kanonen, sowie 16.000 sächsische und 23.000 schwedische Soldaten mit 75 Geschützen gegenüber.[341]

Tilly berief in der Nacht vom 16. auf den 17. September einen Kriegsrat ein. Pappenheim und die ehemals wallensteinischen Offiziere des Heeres drängten zur Schlacht. Tilly wollte sie vorerst vermeiden und nicht bei Leipzig kämpfen. Doch auf die Nachricht, dass die Schweden von Düben nach Süden marschierten, erbat sich Pappenheim 2.000 Reiter für einen Erkundungsritt. Tilly stimmte zu, ermahnte den Feldmarschall aber nicht zu viel zu riskieren oder sich auf größere Gefechte einzulassen.[342]

Pappenheim hatte sein Vertrauen in Tilly längst verloren. Er hielt ihn für übervorsichtig und die Ereignisse vor Magdeburg hatten diese Haltung verstärkt. Der Feldmarschall glaubte wieder, alles durch Tatkraft entscheiden zu können. In dieser prekären Situation, als sich zwei große Heerführer tastend einander näherten, fehlte ihm die Geduld.[343]

Die kaiserlich-ligistische Kavallerie traf zunächst auf sächsische Truppen. Diese bestanden jedoch, wie die Masse der kurfürstlichen Armee, aus dem schnell ausgehobenen und unerfahrenen Landesaufgebot. Die Pappenheimer warfen den Feind und ihr Feldmarschall sandte Nachricht an Tilly, dass sich nur die Truppen Johann Georgs I. vor ihm befänden und es jetzt gefährlich wäre, sich wieder zurückzuziehen. Um seine Informationen zu bestätigen, schickte er einige sächsische Gefangene mit nach hinten.[344]

Tilly befahl Pappenheim den Rückzug, ahnte er doch, dass dieser ihn zur Schlacht zwingen wollte. Doch da waren die Kürassiere auch schon auf die feindliche Hauptarmee gestoßen. Tilly musste der Vorhut weitere 2.000 Reiter nachsenden.[345] Pappenheim meldete erneut, dass ein Rückzug nun zu gefährlich sei. *„Dieser Unglückliche wird mich um meine Ehre und meinen Reputation bringen und den Zusammenbruch des Kaisers auf sein Gewissen laden“*[346], soll Tilly schockiert ausgerufen haben.

341 *Vgl.: Rill: Tilly, S. 265; Wedgwood: Dreißigjähriger Krieg, S. 256; Huf: Mit Gottes Segen, S. 185; Sennewald: Das kursächsische Heer, S. 58-60.*

342 *Vgl.: Rill: Tilly, S. 265; Heß: Pappenheim, S. 146; Wedgwood: Dreißigjähriger Krieg, S. 259.*

343 *Vgl.: Wedgwood: Dreißigjähriger Krieg, S. 259;*

344 *Vgl.: Rill: Tilly, S. 265-266; Wedgwood: Dreißigjähriger Krieg, S. 259; Sennewald: Das kursächsische Heer, S. 53-56.*

345 *Vgl.: Heß: Pappenheim, S. 148.*

346 *Zit.: Rill: Tilly, S. 266; vgl.: Wedgwood: Dreißigjähriger Krieg, S. 259: „Dieser Kerl wird mich um meine Ehre und meinen guten Ruf bringen und den Kaiser um sein Land und Volk.“*

Breitenfeld

Das heftige Abwehrfeuer der Musketierabteilungen, die in die schwedische Schlachtlinie eingestreut waren, setzte Pappenheims Reitern schwer zu. Kaiserliche Offiziere beklagten sich in ihren Berichten bitter über diese Taktik der Regimenter Gustav II. Adolfs.

Doch Pappenheim hatte erreicht, was er wollte. Tilly konnte seine Kavallerie nicht opfern und musste daher die Schlacht annehmen. Seine Regimenter zogen nach Norden und bildeten zwischen Podelwitz und Seehausen eine Schlachtlinie. Links standen Pappenheims sechs Regimenter: *Renconi*, *Merode*, das *Neusächsische*, *Baumgart*, *Piccolomini* und *Strozi*, rechts die irreguläre Reiterei des Grafen Fürstenberg. In der Mitte marschierte die Infanterie in einer einzigen Linie aus sechzehn Tercios auf.[347] Diese waren allerdings bereits kleiner, als zu Beginn des Krieges. Tillys Infanterie war 22.500 Mann stark, was bedeutet, dass diese Tercios nur aus jeweils 1.400 Mann gebildet wurden. Sie nahmen eine quadratische Grundformation ein, die Pikeniere im Zentrum, die Musketiere als *„Mantel"* darum. Die markanten *„Schützenbastionen"* an den Ecken gab es bei Breitenfeld nicht mehr.[348]

Der Schwedenkönig konnte sich nicht erklären, warum Tilly ihm entgegen zog und nicht bei den viel besser zu verteidigenden Flüssen Pleiße und Elster eine defensive Stellung bezog. Dort ließen die Ligistischen bereits Erdwerke ausheben. Aber Pappenheims übereiltes Handeln hatte alle sorgfältigen Vorbereitungen zunichte gemacht. Gustav Adolfs Truppen waren in zwei Flügel geteilt. Links standen die Sachsen unter ihrem Kurfürsten, rechts die Nationalschweden. Seine Armee hatte der König nach holländischem Vorbild reorganisiert. Sie war in kleine Abteilungen aufgesplittet und vertraute zunehmend auf die Feuerkraft der Musketiere, die leichtere Schusswaffen erhalten hatten. Zwischen den Infanterieformationen stand die Kavallerie, die nur mit blanker Waffe attackieren durfte. Die Schweden besaßen neben der schweren Artillerie leichte Feldkanonen, die die Regimenter direkt unterstützen sollten. Für den Fall eines Einbruchs stand hinter der ersten Schlachtlinie ein zweites Treffen.[349]

Es war bereits Nachmittag und den Schweden stand die sich senkende Sonne genau im Gesicht. Ein von Süden aufkommender Wind blies ihnen den von der kaiserlich-ligistischen Armee aufgewirbelten Staub direkt in Mund und Augen. Die Schweden zogen sich etwas nach Westen und begannen nun langsam die linke Flanke Tillys zu überragen.[350]

Tilly konzentrierte das Feuer seiner Artillerie und den Stoß seines rechten Flügels und Zentrums zunächst auf die sächsische Armee, da die Schweden ihren Aufmarsch noch nicht vollendet hatten. Diese hatten einige Schwierigkeiten beim Überwinden des Loberbaches, wo sie auf die plänkelnden Reiter Pappenheims trafen.[351]

Mit seinem Flügel versuchte Gustav Adolf in die Lücke zwischen den Tercios und Pappenheims Reiterei zu stoßen. Der Feldmarschall bemerkte die bedrohliche Bewegung und führte nun auch seine Regimenter nach links, um selbst die Schweden zu überflügeln und in der Flanke zu packen. Aber das zweite schwedische Treffen schwenkte ihm entgegen, sodass nun der rechte protestantische Flügel einen kleinen Haken bildete.[352] Pappenheims Attacke traf auf die schwedische Reiterei des Generals Banér. Die Schweden hielten den Angriff auf. Besonders die zwischen ihrer Kavallerie stehenden Musketiere mit ihren schnell feuernden Gliedern und die beweglichen Regimentskanonen machten Pappenheims Reitern zu schaffen. Er bemerkte dabei kaum, dass er bereits die Fühlung zum Zentrum verlor.[353]

Tilly, der sich bisher auf ein einleitendes Feuer seiner Artillerie beschränkt hatte, schickte nun den Flügel des Grafen Fürstenberg und seine Infanterie gegen die Sachsen nach vorn. Sowohl die Kaiserlichen als auch die Schweden wiesen nach der Schlacht darauf hin, dass die Sachsen schnell vom Feld geflohen wären.[354] Tatsächlich verließen einige Fähnlein der Landesdefension den Kampfplatz ohne größeren Widerstand fluchtartig. Die Masse des Heeres hielt den Angriff Tillys jedoch zwei Stunden auf und gab Gustav Adolf somit Zeit, sein noch im Aufmarsch begriffenes Heer vollständig zu entfalten.[355]

Inzwischen hatte Pappenheim die Spitzen der Schweden auf Podelwitz zurückgeworfen. Doch Gustav Adolf ließ sein zweites Treffen vorführen und wieder scheiterten die Attacken der schweren Kürassiere am Abwehrfeuer der schwedischen Infanterie und den schnellen Gegenstößen ihrer Reiter. Angeblich sollen die Pappenheimer sieben Attacken gestartet haben, die alle abgewiesen wurden.[356] Der spätere französische Marschall Jean de Gassion, der als Kavallerist auf schwedischer Seite an der Schlacht teilnahm und ein persönliches Reiterduell mit Pappenheim ausfocht (welches der Treuchtlinger gewann), berichtet, dass der vierte Angriff der heftigste gewesen sei und nach dem siebten die kaiserliche Kavallerie vom Schlachtfeld floh und den eigenen Tross plünderte.[357]

Pappenheims wütende Attacken hatten die Verbindung zwischen ihm und Tillys Tercios abreisen lassen. Doch durch den Rückzug der Sachsen war es den Katholischen möglich, die Schweden in ihrer rechten Flanke zu fassen. Fürstenbergs Reiter stießen bereits in den Rücken des Feindes. Und obwohl Pappenheim Podelwitz wieder räumen musste, war er noch nicht geschlagen.[358]

Tillys Infanterie schwenkte nach Westen, ein schwieriges Manöver für die schwerfälligen Tercios. Die Linie verlor ihren Zusammenhalt, als die Kaiserlich-Ligistischen in den Staubwolken standen, die ihnen der auf Westen gedrehte Wind in die Gesichter blies.[359]

Gustav Adolf reagierte prompt. Sein rechter Flügel bog sich um neunzig Grad zurück. Fürstenbergs Reiter wurden noch schneller abgewehrt, als Pappenheims. Und die desorganisiert vorrückenden langsamen Tercios gerieten nun in einen Feuerhagel, der von den schwedischen Musketieren und den leichten Regimentsstücken auf sie nieder ging. Eine aus dem schwedischen Zentrum heraus vorgebrachte Reiterattacke verhinderte, dass sich die Tercios wieder zu einer festen

347 *Vgl.: Rill: Tilly, S. 266; Heß: Pappenheim, S. 149; Wedgwood: Dreißigjähriger Krieg, S. 260; Fiedler: Taktik und Strategie, S. 218; Sennewald: Das kursächsische Heer, S. 61-64.*

348 *Vgl.: Sennewald: Das kursächsische Heer, S.62-63.*

349 *Vgl.: Fiedler: Taktik und Strategie, S. 217-218; Wedgwood: Dreißigjähriger Krieg, S. 260-261; Olesen: Der schwedische Machtstaat, S. 54; Sennewald: Das kursächsische Heer, S. 61; Droysen: Berichte Breitenfeld, S. 357-359.*

350 *Vgl.: Rill: Tilly, S. 267; Wedgwood: Dreißigjähriger Krieg, S. 261.*

351 *Vgl.: Sennewald: Das kursächsische Heer, S. 65-68.*

352 *Vgl.: Heß: Pappenheim, S. 153-154; Sennewald: Das kursächsische Heer, S. 68.*

353 *Vgl.: Heß: Pappenheim, S. 154; Rill: Tilly, S. 267; Wedgwood: Dreißigjähriger Krieg, S. 261; Huf: Mit Gottes Segen, S. 187; Sennewald: Das kursächsische Heer, S. 68.*

354 *Vgl.: Rill: Tilly, S. 268; Wedgwood: Dreißigjähriger Krieg, S. 262; Huf: Mit Gottes Segen, S. 190; Fiedler: Taktik und Strategie, S. 190; Sennewald: Das kursächsische Heer, S. 69-74.*

355 *Vgl.: Sennewald: Das kursächsische Heer, S. 68-75.*

356 *Vgl.: Rill: Tilly, S. 268; Wedgwood: Dreißigjähriger Krieg, S. 262.*

357 *Vgl.: Stadler: Pappenheim, S. 550-551.*

358 *Vgl.: Rill: Tilly, S. 268-269; Wedgwood: Dreißigjähriger Krieg, S. 262.*

359 *Vgl.: Rill: Tilly, S. 269; Wedgwood: Dreißigjähriger Krieg, S. 263; Huf: Mit Gottes Segen, S. 190; Sennewald: Das kursächsische Heer, S. 74-83.*

Linie schlossen.[360] Vermutlich unterhielten die Schweden bei diesem Angriff auch Unterstützung durch einige sächsische Regimenter, die sich zwar vor Tillys Angriff sukzessive zurückgezogen hatten, aber immer noch kampfbereit waren.[361]

Unter diesem massiven Abwehrfeuer brach Tillys Linie zusammen. Die Tercios rannten auseinander und wurden ein Opfer der schwedischen Reiterei. Eine Reserve, wie sie die Schweden mit ihrem zweiten Treffen besaßen, hatte der Ligageneral nicht. Er selbst wurde verwundet und von einer letzten festen Formation aus 1.500 Reitern und 600 Pikenieren nach Halle gebracht.[362]

Nachdem Tilly das Schlachtfeld verlassen hatte, versuchte Pappenheim zu retten was zu retten war und seinen Fehler vom Morgen so gut es ging auszubügeln. Der aufgewirbelte Staub, der den Angriff Tillys so durcheinander gebracht hatte, er schützte nun die Reste seiner Truppen, da er auch die Schweden behinderte. Einmal soll Pappenheim von vierzehn feindlichen Reitern umringt worden sein und trotzdem gelang ihm der Ausbruch. Vier Regimenter konnte er nach Leipzig retten.[363] Aber auch er wurde wohl verwundet. Zumindest berichtete ein französischer Augenzeuge wenige Tage später: *„Pappenheim kam verwundet nach Merseburg.“*[364]

Die Bilanz von Breitenfeld war verheerend. 7.600 Ligisten und Kaiserliche waren gefallen oder verwundet, 6.000 gefangen und 3.000 hatten ihre Waffen weg geworfen und waren geflohen. Neben der gesamten Artillerie verloren Tillys Truppen fast hundert Fahnen und Standarten.[365]

Der Schuldige

In derselben Nacht räumte Pappenheim Leipzig und zog sich mit den etwa 13.000 Mann, die der Armee noch verblieben waren, nach Halle zurück.[366]

Es war seine mangelnde Vorsicht und Überheblichkeit, die die Schlacht ausgelöst hatten. Pappenheim maßte sich an, im Vergleich zu Tilly der bessere Kommandeur zu sein und er hatte die Schlacht mit einem Gegner gesucht, dessen Stärke er nicht einschätzen konnte. *„Diesem tüchtigen Reiterführer mangelte nicht nur die für den Oberbefehl nötige Geduld und die Gabe, Einzelheiten zu erfassen, sondern er hatte auch nicht das Zeug zu einer untergeordneten Stellung“*,[367] urteilte Veronika Wedgwood und trifft damit, zumindest was Pappenheims Beziehung zu Tilly betrifft, den Kern der Wahrheit. Seltsamerweise sollte sich der Feldmarschall Wallenstein, der Tilly als Taktiker deutlich unterlegen war, besser unterordnen können.

Vermutlich konnten die beiden Ligafeldherren menschlich nicht miteinander. Tilly war ein streng religiöser Asket, der Zögling einer Jesuitenschule. Pappenheim dagegen war, dass hatte nicht zuletzt sein Griff nach Braunschweig gezeigt, viel mehr ein ambitionierter niederer Reichsadliger, für den der Krieg die Chance zu weiterem Aufstieg darstellte. Und er hatte das Kriegshandwerk nicht so gründlich *„von der Pike auf“* gelernt, wie Tilly. Zwar sind einige der in der Schlacht gemachten Fehler auch Tilly anzulasten, der seine Tercios nicht wie üblich in mehreren Treffen, sondern in einer Linie ordnete, und so über keine Reserve während des schwedischen Gegenstoß verfügte. Doch die Hauptschuld an der Niederlage von Breitenfeld trägt Pappenheim.

Am Morgen des 17. September rückte das ligistische Heer nach Halberstadt ab. Auf dem Marsch wurde die geschwächte Armee immer wieder von wütenden Bauern aus dem Harz angegriffen.[368]

Das fliegende Korps

Nach dem Rückzug aus Leipzig brach Pappenheim auch endgültig mit Maximilian. Der Kurfürst betrieb mehr und mehr eine eigene Politik, die sich teilweise auch gegen Habsburg richtete. So versuchte er sich mit Frankreich zu verbünden, welches wiederum ein Unterstützer Schwedens war. Dies sowie die persönlichen Differenzen Pappenheims mit Tilly und dem Kurfürsten einerseits, sowie seine enge Freundschaft mit Wallenstein andererseits führten dazu, dass er sich bald nach der Schlacht bei Breitenfeld vom ligistischen Heer trennte.[369]

Bereits am 29. September schrieb Pappenheim von seinem Lager bei Ahlefeldt aus an Wallenstein: *„Dem Wercke aber aus dem Grund zu helfen, sehe ich kein anderes Mittel, als daß Ew. u.s.w. Gott und der Religion zu Dienst, dem Kaiser und allgemeinen Vaterland zu Hülfe, dieses Krieges sich annehmen, und das Werk mit Gewalt übersetzen, es ist ja kein anderes Mittel, und so ist auch kein anderer, der es zu thun, die Authorität und Nachdruck habe.“*[370]

Tilly war durch die Südhänge des Harz und Hessen auf Fulda marschiert und hatte seine Truppen unterwegs bereits wieder auf 40.000 Mann verstärkt. Von hier aus wollten einige ligistische Generale auf Würzburg marschieren, das aber bereits den Schweden, die durch Franken und das Maintal zogen, in die Hände gefallen war. Auf Pappenheims Rat wendeten sich die unerfahrenen Regimenter daher zunächst nach Aschaffenburg, um sich mit katholischen Truppen unter Karl von Lothringen zu vereinigen.[371]

Die Ligaarmee deckte Kurmainz gegen die Schweden. Obwohl Gustav Adolf beträchtlichen Zuzug durch schwäbische und hessische Protestanten erhielt, war er Tilly zahlenmäßig unterlegen. Dieser wollte seinem Gegner eine neue Schlacht anbieten, doch Kurfürst Maximilian untersagte weitere Waffengänge.

Pappenheim versuchte in der Zwischenzeit einige militärische Neuerungen innerhalb der Ligaarmee durchzusetzen. So hatte er in den letzten Monaten gesehen, wie wertvoll die schwedischen Dragoner als mobile Infanterie für schnelle Störaktionen waren. Mehrfach wies er Maximilian darauf hin, dass die Liga solche Truppen aufstellen müsse. Die kaiserliche Armee hatte bereits reagiert und wohl bei Breitenfeld die ersten Kompanien Dragoner besessen.[372] Die ersten ligistischen Reiter dieser Art, die im Dezember 1631 angeworben wurden, waren schließlich Teil von Pappenheims Regiment.[373] Im Unterschied zu den übrigen Kavalleristen waren die

360 *Vgl.: Rill: Tilly, S. 269-270; Wedgwood: Dreißigjähriger Krieg, S. 263; Sennewald: Das kursächsische Heer, S. 80; Huf: Mit Gottes Segen, S. 190-191.*

361 *Vgl.: Sennewald: Das kursächsische Heer, S. 80-83.*

362 *Vgl.: Rill: Tilly, S. 270; Englund: Verwüstung, S. 142-143.*

363 *Vgl.: Wedgwood: Dreißigjähriger Krieg, S. 263; Huf: Mit Gottes Segen, S. 191; Stadler: Pappenheim, S. 551; Droysen: Berichte Breitenfeld, S. 390.*

364 *Zit.: Droysen: Berichte Breitenfeld, S. 394.*

365 *Vgl.: Heß: Pappenheim, S. 157; Wedgwood: Dreißigjähriger Krieg, S. 263; Huf: Mit Gottes Segen, S. 191; Sennewald: Das kursächsische Heer, S. 84; Kunath: Kursachsen, S. 73.*

366 *Vgl.: Wedgwood: Dreißigjähriger Krieg, S. 263; Sennewald: Das kursächsische Heer, S. 87; Huf: Mit Gottes Segen, S. 191.*

367 *Vgl.: Vgl.: Wedgwood: Dreißigjähriger Krieg, S. 259.*

368 *Vgl.: Heß: Pappenheim, S. 158.*

369 *Vgl.: Heß: Pappenheim, S. 170-171.*

370 *Zit.: Heilmann: Kriegswesen, S. 346.*

371 *Vgl.: Stadler: Pappenheim, S., 559-560; Heß: Pappenheim, S. 172; Wedgwood: Dreißigjähriger Krieg, S. 266-268.*

372 *Vgl.: Sennwald: Das kursächsische Heer, S. 56.*

373 *Vgl.: Stadler: Pappenheim, S. 558-559.*

Dragoner in der Regel nicht mehr gepanzert. Ihre wichtigste Waffe waren Musketen, wie sie die Infanterie nutzte. Anstatt der einfachen und billigen Luntenschlösser verfügten diese über die zu Pferd einfacher zu handhabenden, aber teureren Radschloss-, oder Schnapphahnschlösser. Außerdem benutzten Dragoner statt Pauken Trommeln und führten statt einer Standarte oftmals einfache Infanteriefahnen.[374] Pappenheim sollte sich im Winter 1631/32, spätestens im Frühjahr 1632, aus zwei Dragonerkompanien eine persönliche Leibgarde zusammenstellen, die er bis zur Schlacht bei Lützen behielt.[375]

Eine andere Reitergattung, die zunehmend an Bedeutung gewann, waren die sogenannten *„Kroaten"*. Unter diesen damals gängigen Oberbegriff fiel die leichte Kavallerie diverser Balkanvölker, so neben echten Kroaten auch Ungarn, Siebenbürger und Walachen. Sie hatten ihren Ursprung in den regionalen Adels- und Bauernaufgeboten der jeweiligen Balkanterritorien. Dort bestand ihr Zweck in der Verteidigung der Grenzen gegen die Türken. Nun stellten sie leicht bewaffnete Reitertrupps für die kaiserliche Armee. Aus ihrer Heimat brachten sie nicht nur ihre Waffen, Säbel, Lanzen, in wenigen Fällen auch Pistolen und Arkebusen mit, sondern auch eine recht zügellose Art der Kriegsführung gegenüber der Bevölkerung, sodass das Wort *„Kroate"* bei der Bevölkerung bald genauso verhasst und gefürchtet war, wie *„Schwede"*.[376]

Auch Pappenheims Stammgüter waren mittlerweile von den vordringenden Schweden bedroht, sodass er eine Infanteriekompanie auf die Burg Pappenheim entsandte und Treuchtlingen durch Palisaden und Erdwerke und eine Salvaguardia sichern ließ, um das Städtchen vor Marodeuren zu schützen.[377]

Tilly zog nun seinerseits im Rücken der Schweden durch Franken und nahm einige Städte zurück. Dieser Feldzug wurde allerdings durch die massiven Schneefälle, die Ende Oktober 1631 einsetzten, stark behindert.[378] Am 10. November fiel Rothenburg ob der Tauber, einen Tag später Windsheim. Pappenheim drängte Tilly nun dazu Nürnberg einzunehmen. Die fränkische Messestadt war ein protestantisches Bollwerk ähnlich Magdeburg. Also zog das Ligaheer weiter nach Osten.[379]

Nürnberg war groß und es war stark. Der Rat der Stadt verweigerte die Übergabe an das Ligaheer und ließ stattdessen die Mauern befestigen und 5.000 Stadtbürger bewaffnen. Pappenheim befürchtete nun den Winter wieder mit einer langwierigen Belagerung, wie im Vorjahr verbringen zu müssen. Er schrieb seinem Kurfürsten, wenn er den Oberbefehl über die Truppen erhielte, wolle er die Stadt in fünf Tagen schlimmer verwüsten als die Festung an der Elbe.[380] Tilly erfuhr davon und nun brach sich seine Wut auf den Feldmarschall doch noch Bahn. Er begann sich bitter über Pappenheims Verhalten bei Breitenfeld zu beklagen. Der Übermut des Feldmarschalls, so Tilly, habe ihm seinen Ruhm gekostet.[381] Der Treuchtlinger hielt dagegen, der Brabantiner würde die Interessen Bayerns über die des Reiches stellen und bezeichnete diese Haltung als schweren Fehler.[382]

Nach diesem Streit zog Pappenheim seine Kürassiere aus dem Heer der Liga heraus und marschierte zurück nach Westfalen. Er kannte das Land und wollte durch schnelle Streifzüge die Werbungsaktivitäten der Schweden in diesem Raum stören. Man dürfe den Feind nicht mit Macht attackieren, sondern müsse da angreifen, wo er schwach sei, schrieb er und widersprach damit seinem Zornespamphlet,[383] das er im Januar vor Magdeburg abgefasst hatte. Allerdings gibt es auch ein Schreiben Maximilians, welches Pappenheim ohnehin ein Diversionsmanöver in den niedersächsischen Kreis befohlen hatte. Sein Bruder, Kurfürst Ferdinand von Köln hatte sich mehrfach über das Vorgehen der Hessen und Braunschweiger gegen seine Grenzen beklagt und um Unterstützung gebeten. Pappenheim hatte einen solchen Feldzug desöfteren befürwortet und so kam es Maximilian nur allzu gelegen, seine beiden streitenden Generale für eine Zeit zu trennen.[384]

Für einen kurzen Moment folgte Gustav Adolf dem Feldmarschall sogar bis Seehausen, machte aber dann wieder kehrt nach Süden und wandte sich dem mittleren Rheinabschnitt zu. Tilly musste die Belagerung Nürnbergs wenig später aufgeben.[385]

Pappenheim war zunächst nach Köln gezogen. Hier füllte er sein Regiment auf und warb neue Truppen an, vor allem die von ihm neuerdings so begehrten Dragoner.[386]

Wieder vor Magdeburg

Auf seinem Weg nach Süden hatte Gustav Adolf 8.000 Mann unter Feldmarschall Banér nach Magdeburg geschickte, die die Stadt im Handstreich nehmen sollten. Die Schweden trieben die kleine 2.900 Mann starke kaiserliche Garnison in die Festungswerke zurück und versuchten sie auszuhungern. Die Kaiserlichen hofften nun auf Entsatz durch Pappenheim, der die einzige bedeutende katholische Armee nördlich des Thüringer Waldes befehligte.[387] Inzwischen war auch Wallenstein vom Kaiser wieder zurückberufen worden und sammelte in Böhmen neue Truppen. Der Generalissimus schickte ein Schreiben an alle kaiserlichen Obersten in Norddeutschland und forderte sie auf, sich bei Bedarf Pappenheims Befehl zu unterstellen.[388]

Aber noch stand Pappenheim im Köln. Mitten im Winter marschierte er mit 1.500 Reitern zunächst nach Wolfenbüttel und zog Garnisonen aus dem Wesergebiet an sich, sodass sein kleines Korps auf etwa 4.700 Mann anwuchs. Wallenstein bat er um Geld und noch mehr Soldaten.[389] Mit diesen wollte der Feldmarschall wieder nach Magdeburg und die Festung entsetzen. Um die Schwäche seiner Truppen zu verbergen, ließ er in jeder Stadt, die auf seiner Marschroute lag, Rationen für 10.000 Mann eintreiben.[390]

374 *Vgl.: Wagner: Ars bella gerendi, S. 57.*

375 *Vgl.: Stadler: Pappenheim, S. 819.*

376 *Vgl.: Wagner: Ars bella gerendi, S. 48-49; Brnardic: Imperial Armies 2, S. 3-5; Langer: Hortus Bellicus, S. 95.*

377 *Vgl.: Stadler: Pappenheim, S. 565.*

378 *Vgl.: Stadler: Pappenheim, S. 561-562.*

379 *Vgl.: Rill: Tilly, S. 288-289; Stadler: Pappenheim, S. 564-565.*

380 *Vgl.: Rill: Tilly, S. 289; Stadler: Pappenheim, S. 567-569.*

381 *Vgl.: Heß: Pappenheim, S. 172-173; Stadler: Pappenheim, S. 569-570.*

382 *Vgl.: Heß: Pappenheim, S. 173.*

383 *Vgl.: Stadler: Pappenheim, S. 563.*

384 *Vgl.:. Droysen: Pappenheim in Norddeutschland, S. 403-404; Stadler: Pappenheim, S. 569-572.*

385 *Vgl.: Heß: Pappenheim, S. 174-176; Rill: Tilly, S. 289.*

386 *Vgl.: H Droysen: Pappenheim in Norddeutschland , S. 405; Heß: Pappenheim, S. 177; Stadler: Pappenheim, S. 577-580.*

387 *Vgl.: Heß: Pappenheim, S. 178.*

388 *Vgl.: Droysen: Pappenheim in Norddeutschland, S. 405.*

389 *Vgl.: Droysen: Pappenheim in Norddeutschland, S. 406; Stadler: Pappenheim, S. 591-592.*

390 *Vgl.: Khevenhüller: Anales Fernandei II , S. 104. Heß: Pappenheim, S. 177-178; Stadler: Pappenheim, S. 592.*

Dragoner

Den Wert der Dragoner, als schnelle berittene Infanterie hatte Pappenheim zunächst in der schwedischen Armee gesehen. Nach der Schlacht bei Breitenfeld setzte er sich daher für die Anwerbung solcher Reiter für die Truppen der Liga ein.

Der kaiserlichen Garnison gingen inzwischen die Lebensmittel aus. Ihr Kommandeur, Oberst Wolf von Mansfeld begann in den letzten Dezembertagen 1631 mit Banér in Kapitulationsverhandlungen zu treten.[391]

Doch dann ritten Ende Dezember zwei pappenheimsche Kürassiere in die Stadt und berichteten den protestantischen Ratsherren, die nur zu gern den Einmarsch der Schweden erlebt hätten, dass der Feldmarschall die Garnison bald entsetzen würde. Da sich auch Herzog Ulrich von Braunschweig an der Elbe befand und wohl über die Proviantforderungen der Kaiserlich-Ligistischen informiert war, verbreitete er, wie von Pappenheim geplant, die falschen Meldungen über dessen Stärke.[392]

Auch Banér erfuhr von diesen Zahlen und als seine Vorposten die in einem Brot versteckte Nachricht Pappenheims abfingen, die besagte, dass er sich der Stadt nähere, zogen die Schweden ab. Ihre Regimenter waren erschöpft und die von ihrem König versprochenen Verstärkungen ausgeblieben. Am 14. Januar rückte Pappenheim in Magdeburg ein.[393]

Von hier zogen seine Truppen plündernd die Elbe hinauf und erbeuteten acht Geschütze von den abziehenden Schweden. Als der Feldmarschall die ausgebesserte Magdeburger Festung inspiziert hatte, sandte er Abteilungen ins Umland aus, um die protestantischen Städte und Dörfer plündern zu lassen. Nur von Zerbst ließen seine Truppen ab, da diese Stadt von einer starken Garnison unter dem noch unbekannten Bernhard von Sachsen-Weimar verteidigt wurde.[394]

Doch dann kursierten Meldungen, dass schwedische Truppen unter dem Überläufer Herzog Georg von Braunschweig-Lüneburg die Stadt Wolfenbüttel bedrohten. Der Herzog hatte sich der protestantischen Sache verpflichtet, war von Gustav Adolf zum General des Niedersächsischen Kreises ernannt worden und versuchte nun auf Kosten des Reiches seine dynastischen Interessen in diesem Raum durchzusetzen.[395]

Pappenheim entschied sich daher Magdeburg wieder zu räumen. Die neugebaute Elbbrücke, mehrere Magazine und ein paar Bastionen wurden gesprengt, die schweren Kanonen vernagelt. Der Feldmarschall wollte dem immer noch in der Nähe lauernden Banér, der sich mit Bernhard von Weimar vereinigt hatte, auf keinen Fall eine intakte Festung in die Hände fallen lassen. Nachdem auch noch etliche Stadthäuser der Zerstörungswut seiner Soldateska zum Opfer gefallen waren, verließen seine Truppen Magdeburg am 17. Januar 1632. Kurz darauf besetzte ein schwedisches Korps unter General Hamilton die Stadt.[396]

Das Pappenheim die Reste der Magdeburger Festungswerke 1632 so gründlich hatte schleifen lassen wurde im Nachhinein als erneuter Beweis seines Hasses gegen die Stadt gewertet und auch als Indiz, dass er Magdeburg im Vorjahr bewusst hatte anzünden lassen.[397] Pragmatisch betrachtet handelte der Feldmarschall aber richtig, indem er in dieser Situation, in welcher die Stellung der Katholischen in Norddeutschland so schwach war wie nie zuvor, dem Gegner keine intakte Festung überlassen wollte.

Gegen Banér und Wilhelm von Weimar

Pappenheim war immer noch in erstaunlicher Weise auf das Herzogtum Braunschweig fixiert. Er kehrte in dieses Land zurück und belegte die wichtigsten Städte mit Garnisonen. In Wolfenbüttel ließ er ganze sechs Infanteriekompanien und ein Kavallerieregiment stehen. Dann schlug er sein Hauptquartier in Burgsdorf auf und begann eine Reihe bemerkenswerter schneller Streifzüge.[398]

Aus dem benachbarten Herzogtum Braunschweig-Lüneburg-Celle ließ er 50.000 Taler Kontribution eintreiben. Danach rückten seine Reiter auch in dieses Land ein und verhinderten somit, dass Herzog Georg Truppen für Gustav Adolf anwerben konnte.[399]

Pappenheim marschierte selbst nach Celle, doch der Landesregent versicherte ihm, dass es ihm nicht möglich sei, seinen Bruder zur Auflösung der bereits angeworbenen Söldner zu bewegen. Die frisch aufgestellten Regimenter standen bei Winsen an der Luhe und warteten auf die nach Niedersachsen rückenden 8.000 - 10.000 Soldaten unter Wilhelm von Sachsen-Weimar.[400]

Dessen Korps hatten sich am 18. Januar bei Osterwied mit den Schweden Banérs vereinigt. Diese Kräftekonzentration war ein wesentlicher Grund dafür, dass Pappenheim im Januar Magdeburg verließ. Die Protestanten zogen nun einen Ring um Niedersachsen. Aus Holstein näherte sich eine weitere schwedische Armee unter Feldmarschall Tott, der bald darauf anfing Stade zu belagern. Im Südwesten hingegen versuchte der Landgraf von Hessen-Kassel ein neues Heer aufzustellen.[401]

Pappenheim entschloss sich da zuzuschlagen, wo die Protestanten am schwächsten schienen. Hannover war seit kurzen durch Truppen des Herzogs von Braunschweig-Celle besetzt. Der Feldmarschall forderte die Stadt dazu auf, sich zu ergeben, zwei Infanterie- und zwei Kavallerieregimenter für die Sache des Kaisers aufzustellen oder binnen eines Monats 12.000 Taler als Kontribution zu entrichten. Mit der Besetzung dieser Gebiete wollte er verhindern, dass unter Herzog Georg ein weiteres Heer gegen ihn ins Feld gebracht werden konnte.[402]

Mitten in diesen Verhandlungen erreichten ihn jedoch bereits beunruhigende Nachrichten über den weiteren Vorstoß Banérs und Weimars. Ein Vortrab der Protestanten, etwa 250 Reiter war kurz vor Hameln vom Regiment des Obersten Löbel aufgerieben worden. Die Schweden marschierten trotzdem weiter auf die Stadt vor und wollten sie förmlich belagern.[403]

Pappenheim konzentrierte sich daher wieder auf das Wesergebiet. Er sandte Verstärkungen nach Hameln, was die Protestanten dazu zwang, ihre Kräfte teilten. Mit ihrer

391 *Vgl.: Droysen: Pappenheim in Norddeutschland, S. 407.*

392 *Vgl.: Heß: Pappenheim, S. 178; Stadler: Pappenheim, S. 592-593; Binder: Pappenheim, S. 110.*

393 *Vgl.: Khevenhüller: Anales Fernandei II, S. 105; Droysen: Pappenheim in Norddeutschland, S. 408-409; Heß: Pappenheim, S. 178; Binder: Pappenheim, S. 110-111.*

394 *Vgl.: Heß: Pappenheim, S. 178-179; Binder: Pappenheim, S. 111.*

395 *Vgl.: Wedgwood: Dreißigjähriger Krieg, S. 376-377.*

396 *Vgl.: Droysen: Pappenheim in Norddeutschland, S. 410-411; Heß: Pappenheim, S. 179-180; Stadler: Pappenheim, S. 594-595; Binder: Pappenheim, S. 111-112.*

397 *Vgl.: Wittich: Pappenheim, S. 155.*

398 *Vgl.: Heß: Pappenheim, S. 180; Stadler: Pappenheim, S. 596; Binder: Pappenheim, S. 113.*

399 *Vgl.: Droysen: Pappenheim in Norddeutschland, S. 414; Heß: Pappenheim, S. 181; Binder: Pappenheim, S. 113.*

400 *Vgl.: Droysen: Pappenheim in Norddeutschland, S. 414; Heß: Pappenheim, S. 181-182; Binder: Pappenheim, S. 113.*

401 *Vgl.: Droysen: Pappenheim in Norddeutschland, S. 413-414; Heß: Pappenheim, S. 184.*

402 *Vgl.: Droysen: Pappenheim in Norddeutschland, S. 414-415; Heß: Pappenheim, S. 184.*

403 *Vgl.: Heß: Pappenheim, S. 184-185.*

Hauptmacht zogen Banér und Weimar durch die südlichen Ausläufer des Kreises, nahmen Goslar und Seesen. Wilhelm von Weimar marschierte dann über Höxter nach Nordheim und von dort nach Göttingen. Er zerschlug einige Reiterschwadronen, die Pappenheim der Stadt zu Hilfe geschickt hatte und stürmte sie am 11. Februar. Banér ging auf die Leinestadt Alfeld vor.[404] Der Landgraf zu Hessen-Kassel machte nun ebenfalls gegen die Katholischen mobil, da diese Teile des Stifts Paderborn besetzt hielten. Die Hessen nahmen das alte Warburg im Sturm, woraufhin Stadthagen und Münden bis Ende Februar freiwillig ihre Tore öffneten.[405]

Umringt von feindlichen Armeen hatte sich Pappenheim zunächst auf die kleine Stadt Lemgo im Stift Paderborn zurückgezogen. Hier forderte er 8.500 Taler Kontributionen, dazu Korn, Speck, Bier und frische Kleidung für seine Truppen.[406] Kleinere Streifscharen sandte er nach Herford, wo er 15.000 Taler eintreiben ließ. Bielefeld wurde im Handstreich genommen und andere nahe gelegene Ortschaften ausgepresst. Der Feldmarschall unternahm weiterhin erfolgreiche schnelle Vorstöße mit seiner Reiterei im Niedersächsischen, zerstreute frisch geworbene feindliche Truppenkontingente, Proviantkolonnen und kleinere Korps. Er zeigte sich in diesen Wochen als Meister des kleinen Krieges. Es gelang seiner Reiterei erfolgreich den Protestanten etliche neue Rekruten abzunehmen und so das Korps auf fast 12.000 Mann Fußvolk und 5.000 Reiter zu verstärken, eine beachtliche Streitmacht. Diese musste aber auf etliche kleine Garnisonen aufgeteilt werden, sodass ihm selbst wenig mehr als 10.000 Mann zur Verfügung standen.[407]

Die Eroberung von Einbeck und das Gefecht bei Höxter

Trotzdem zog sich der Ring der Protestanten immer enger. Banér und Wilhelm von Weimar rollten mit Beharrlichkeit Stadt für Stadt von Süden her auf. Sie näherten sich bereits der Stadt Einbeck und nahmen die nahe gelegene Festung Erichsburg. Pappenheim ließ den Kommandanten später einkerkern, da er den Schweden seiner Meinung nach zu geringen Widerstand entgegen gesetzt hatte.[408] Der schwedische Vormarsch nahm immer bedrohlichere Züge an, als die Ereignisse im Süden des Reiches Pappenheim Entlastung brachten.

Banér und Wilhelm von Weimar wurden nach Franken und Thüringen abberufen.[409] Nun gab es für Pappenheims Armee kaum noch nennenswerte Gegenwehr. Lediglich der Herzog Georg von Braunschweig-Lüneburg versuchte weiterhin Truppen gegen die Katholischen zu werben. Doch die Erfolge der katholischen Korps und vor allem die reiche Beute, die Pappenheim bei seinen Unternehmen machte, ließ sein Werbetrommln für neue Söldner wesentlich attraktiver erscheinen.[410]

Pappenheim bereitete einen Übergang der Weser vor. Dieser Fluss stellte für ihn eine wichtige Operations- und Nachschublinie dar. Daher konzentrierte sich der Feldmarschall zunächst auf die Armee des Landgrafen Wilhelm von Hessen-Kassel, der diese Linie aus südlicher Richtung bedrohte. Wilhelm von Hessen bat Georg von Braunschweig-Lüneburg immer dringender um Unterstützung gegen Pappenheims Armee, die er auf 20.000 Mann schätzte. Doch Georgs Heer waren noch immer in der Aufstellung begriffen.[411]

Der Herzog von Braunschweig-Lüneburg konnte vorerst lediglich ein Kavallerieregiment unter Oberst von Wettbergk gegen den Feldmarschall ins Feld schicken. Wettbergk hatte bis dahin bei Hildesheim gestanden und rückte nun auf die große Heerstraße vor, die von Kassel nach Hannover führte, um sich mit der Avantgarde der hessischen Truppen zu vereinigen. Nahe Thiedenwiede trafen die Lüneburger auf eine kleine kaiserliche Reiterschwadron. Wettbergk glaubte einen schnellen Sieg erringen zu können, griff an und ging Pappenheim in die Falle. In einem nahen Wäldchen warteten seine Kürassiere und empfingen die Lüneburger mit blankem Stahl. Wettbergks Regiment wurde schwer geschlagen.[412] Als sechs protestantische Reserveschwadronen aus Herzog Georgs Leibregiment unter Oberstleutnant von Wurmb den Rückzug decken wollten, wurden sie ebenfalls sofort von den Pappenheimern überrannt. Wurmb geriet in Gefangenschaft.[413]

Herzog Georg informierte den hessischen Kurfürsten, der sich vom stärker werdenden kaiserlich-ligistischen Heer zunehmend bedroht fühlte, dass er ihm nun höchstens 3.000 Mann nach Hildesheim entgegen schicken könnte. Die Katholischen marschierten dagegen nach Einbeck , welches durch mehrere hessische Regimenter unter Thilo Albrecht von Uslar verteidigt wurde. Doch Uslar verweigerte Pappenheim die Schlacht und räumte die Stadt, die nach geringem Widerstand in die Hände seiner Söldner fiel. Von der kurzen Belagerung wurde folgende Anekdote überliefert:

„Alß Graf Papenheimb für der Stadt Einbeck mit ungefähr 10.000 Mann gekommen, hat sich selbige anfangs ziemblich gewehrt, unter dem Schiessen auch mit einem Stück, kurtz für Ihre Exc. Papenheimb, Grafen von Gronsfeld und Obrist Bonnglaisen, alß die drey gestanden und miteinander deliberiret in die Erde geschossen, das die kugel nahelich über diese alle wegkgienge, darauf Papenheimb sich dermassen entrüstet, der Stadt so nahe mit Laufgraben (wozu ihnen die Lehmgräben für der Stadt sein zu statten geweßen) das er eine gahr bequeme batterii geschlagen, davon der Brustwehre und gestracks 3 oder 4 Bürger niedergelegt, auch etliche Feuerkugeln hinein geworfen"[414]

Der Feldmarschall nutzte jede sich bietende Gelegenheit die Protestanten da zu schlagen, wo sie sich schwach zeigten. Anfang März berichtete ein schwedischer Gefangener, dass drei neu zusammengestellte, aber schwache hessische Dragonerregimenter unter den Obersten Lars Kagge und Rose bei Höxter an der Weser standen. Pappenheim schlug am 5. März zu und überraschte die Hessen in einer nächtlichen Attacke. Einen Teil ihrer Gegner machten die Pappenheimer in ihren Quartieren nieder, den Rest zerstreuten sie in den nahe gelegenen Sümpfen. Rose geriet in Gefangenschaft. Zwei zur Unterstützung heran eilende Regimenter wurden ebenfalls abgewehrt und kurz darauf ritten die Katholischen

404 *Vgl.: Droysen: Pappenheim in Norddeutschland, S. 415; Heß: Pappenheim, S. 186.*

405 *Vgl.: Theatrum Europaeum IV, S. 615; Droysen: Pappenheim in Norddeutschland, S. 415.*

406 *Vgl.: Theatrum Europaeum IV, S. 616.*

407 *Vgl.: Stadler: Pappenheim, S. 608-614; Heß: Pappenheim, S. 186; Binder: Pappenheim, S. 113-114.*

408 *Vgl.: Heß: Pappenheim, S. 187.*

409 *Vgl.: Droysen: Pappenheim in Norddeutschland, S. 418.*

410 *Vgl.: Heß: Pappenheim, S. 187; Binder: Pappenheim, S. 115-116..*

411 *Vgl.: Heß: Pappenheim, S. 187-188.*

412 *Vgl.: Heß: Pappenheim, S. 188-189; Binder: Pappenheim, S. 116-117; Stadler: Pappenheim, S. 618.*

413 *Vgl.: Heß: Pappenheim, S. 189; Binder: Pappenheim, S. 117; Stadler: Pappenheim, S. 618.*

414 *Zit.: Heß: Pappenheim, S. 190.*

wieder in der Stadt ein. Als die Protestanten Höxter räumten, mussten sie große Mengen neuer Musketen, Pulver und vier Kanonen zurücklassen und einen Mörser und zwei Geschütze in der Weser versenken. Pappenheim ließ die Rohre wieder herausziehen.[415]

Mit reicher Beute kehrte der Feldmarschall schon kurz darauf nach Hameln zurück.[416] Auf die Nachricht vom Fall Einbeck s und der Niederlage bei Höxter hin informierte der Landgraf Herzog Georg, dass er sich von jetzt an auf die Verteidigung seines Erblandes konzentrieren wollte.[417] Seine Truppen zogen sich nach Göttingen und Münden zurück, Kagges Schweden nach Magdeburg.[418]

Es war ein großes Glück für Pappenheim, dass die Kriegsführung der Protestanten darauf abzielte, Städte einzunehmen, weswegen sie ihre Kräfte verzettelten und sich nicht gegen seine Truppen konzentriert hatten. Er ließ alle Lebensmittelvorräte der Stadt Einbeck zusammentreiben und brachte sie auf Wagen nach Wolfenbüttel. Außerdem nahmen die Katholischen Geiseln, die so lange festgehalten werden sollten, bis die geforderten 20.000 Taler Kontributionen übergeben worden wären. Kurz darauf ließ Pappenheim dann auch das nahe gelegene Schloss Erichsburg wieder einnehmen und die Mauern schleifen. Aus den niedergerissenen Befestigungen nahmen die Kaiserlichen fünf eiserne Geschütze mit.[419]

Von hier zog das Korps nach Hildesheim, das von schwachen lüneburgischen Kräften gehalten wurde. Der Feldmarschall zögerte jedoch vor einer Belagerung, da die Ereignisse an der Elbe seine Aufmerksamkeit in Anspruch nahmen.[420]

Der Zug zur Elbe

Pappenheim erhielt Nachrichten von der Bedrohung Stades durch den schwedischen Feldmarschall Tott. Dieser hatte von Gustav Adolf bereits mehrmals den Befehl erhalten die Belagerung aufzugeben und sich sattdessen Herzog Georg oder dem hessischen Landgrafen anzuschließen, um Pappenheim zu vernichten. Das Ausschalten der kaiserlich-ligistischen Armee war wichtiger, als die Inbesitznahme einer weiteren Stadt. Aber Tott gehorchte nicht.[421]

Pappenheim zog gegen Stade, nicht ohne kleinere Streifpartien gegen braunschweigische Städte durchführen zu lassen. Er erfuhr, dass Truppen des Erzbistums Bremen eine kaiserliche Garnison auf Schloss Rotenburg belagerten, welches er erfolgreich entsetzte und von wo aus er gegen Stade vorrückte.[422] Wie stark sein Korps war, ist nicht überliefert. Der schwedische Feldmarschall Tott berichtete von 15.000 Mann, die Kaiserlichen selbst führen nur 8.000 an. Doch auch damit war Pappenheim Totts kleiner Armee überlegen. Die Schweden brachen die Belagerung ab, zogen sich nach Buxtehude zurück und am 24. April rückte das Korps des Feldmarschalls in Stade ein.[423]

Die Katholischen marschierten danach ins Kehdiner Marschland ein, wo ein schwedisches Regiment unter Generalmajor Alexander Leslie und vier Kompanien unter Oberst Monroe die Ostseite Stades blockierten. Pappenheim griff an und zerstreute die Protestanten. Die Schweden büßten 1.500 Mann und 19 Fahnen ein.[424]

Die Pappenheimer nutzten ihre momentane Stärke, nahmen Hornburg, welches von seiner Bevölkerung und der schwedischen Garnison unter General Lohhausen zäh verteidigt wurde. Doch der Versuch weiter über die Elbe nach Osten vorzudringen wurde von den wieder gesammelten Schweden unter Tott abgewehrt, auch weil der Herzog zu Sachsen-Lauenburg die Schweden mit frisch geworbenen Truppen verstärkte.[425]

Pappenheims erfolgreiche Verwüstung Niedersachsens hatte dazu geführt, dass die Schweden wieder mehr Truppen in dieses Gebiet verlegten, um seine Reiterscharren abzufangen. Bald drohte dem Treuchtlinger in Stade die Einschließung durch überlegene Truppen. Außerdem wurden die Lebensmittelvorräte des Korps knapp. Pappenheim überreichte dem Rat die Schlüssel der Stadt zurück, verzichtete offiziell auf die ausstehenden Kontributionen, bat aber, dass die Bürger sich um seine Verwundeten kümmern sollten, ehe er wieder abzog. Am 6. Mai, dem Tag, an welchem Tilly bei Rain am Lech tödlich verwundet wurde, marschierte die katholische Armee ab, vorbei an Totts Stellungen in Buxtehude und zurück nach Minden.[426] Zu dem gefangenen Generalmajor Leslie äußerte er: *„Ich wunder mich, daß Euere Truppen mir nicht folgen. Wäre ich so hinter ihnen, wie sie hinter mir, so würde ich die Nachhut angreifen und so fassen, daß Keiner lebend davon käme.“*[427]

Nach seiner Niederlage vor Stade wurde Tott durch General Baudissin abgelöst, der nun anfing gegen Pappenheims Hauptversorgungslinie, die Weser zu operieren. Der Feldmarschall dagegen unternahm einen neuen Zug in die Regionen zwischen Stade und Celle. Hierhin marschierte nun auch das kleine, nur etwa 3.000 Mann starke Korps des Herzogs von Braunschweig-Lüneburg.[428]

Der Herzog wartete allerdings auf weitere Verstärkungen, so ein 800 Mann starkes schottisches Regiment. Mit diesem versuchte er Celle zu schützen, als die Protestanten erfuhren, dass der Feldmarschall sie mit seinem Vorstoß nur zu verwirren versuchte und mit der Masse seiner Truppen inzwischen nach Minden abgerückt war.[429]

415 *Vgl.: Heß: Pappenheim, S. 192-193; Heß erwähnt zwei Gefechte bei Höxter, eines vor und eines nach der Einnahme bei Eimbeck. Ersteres wäre gegen Kagge, das zweite gegen Rosen ausgefochten wurden. Stadler: Pappenheim, S. 619-621 erwähnt beide Begebenheiten als ein Gefecht. Das Theatrum Europaeum IV, S. 617 spricht von dem hier dargestellten Gefecht bei Höxter von drei hessischen Regimentern unter Rose und erwähnt Kagge mit keinem Wort. Ebenso Khevenhüller, dessen Darstellung sich aber sehr stark an das Theatrum anlehnt, vgl.: Khevenhüller: Anales Fernandei II, S. 201-202; Droysen: Pappenheim in Norddeutschland, S. 419 dagegen erwähnt Oberst Rose nicht, dafür schwedische Truppen unter Kagge und hessische unter General Uslar.*

416 *Vgl.: Stadler: Pappenheim, S. 619-621.*

417 *Vgl.: Heß: Pappenheim, S. 189.*

418 *Vgl.: Droysen: Pappenheim in Norddeutschland, S. 419.*

419 *Vgl.: Heß: Pappenheim, S. 192; Stadler: Pappenheim, S. 619.*

420 *Vgl.: Heß: Pappenheim, S. 192.*

421 *Vgl.: Theatrum Europaeum IV , S. 618; Droysen: Pappenheim in Norddeutschland, S. 423-424.*

422 *Vgl.: Vgl.: Heß: Pappenheim, S. 195; Stadler: Pappenheim, S. 623-624.*

423 *Vgl.: Vgl.: Heß: Pappenheim, S. 195-196; Stadler: Pappenheim, S. 624; Binder: Pappenheim, S. 119-120.*

424 *Vgl.: Theatrum Europaeum IV, S. 618; Heß: Pappenheim, S. 196; Stadler: Pappenheim, S. 624-625; Binder: Pappenheim, S. 118.*

425 *Vgl.: Vgl.: Heß: Pappenheim, S. 196; Stadler: Pappenheim, S. 624-625.*

426 *Vgl.: Heß: Pappenheim, S. 197; Binder: Pappenheim, S. 120-121.*

427 *Zit.: Heß: Pappenheim, S. 198.*

428 *Vgl.: Heß: Pappenheim, S. 199-200.*

429 *Vgl.: Heß: Pappenheim, S. 200.*

Außerdem machte die überraschende Besetzung Freiburgs im Kehdinger Land durch die Dänen den Schweden große Sorgen. Während seiner Tage in Stade hatte Pappenheim in geheimen Verhandlungen mit Gesandten Christian IV. gestanden und der Besetzung der Stadt zugestimmt, da er wusste, dass dieser Zug die schwedischen Interessen in der Region beunruhigen würde und ihm selbst die Zeit gab, seine Truppen zu ordnen.[430]

Die dänische Expedition war allerdings mangelhaft vorbereitet und noch schlechter durchgeführt. Die Truppen des Bremer Erzbischofs konnten wenige Tage später Freiburg zurückerobern und den Großteil von Christians Söldnern gefangen nehmen. Um nicht in einen Krieg mit Schweden verwickelt zu werden, erklärte Christian dem Gesandten Gustav Adolfs, er verzichte auf seine Eroberungen in den Bremer Landen.[431]

Trotzdem verschaffte die dänische Intervention Pappenheim Zeit. Auf seinem Marsch nach Minden ließ er die niedersächsischen Stände, die sich in Celle versammelt hatten, dazu auffordern, dem Kaiser zu huldigen und ihr Bündnis mit den Schweden und dem Lüneburger Herzog endlich aufzukündigen. Doch da die herzoglichen Truppen die Stadt besetzt hielten und der Feldmarschall selbst sich gerade aus dem Nordosten des Kreises zurück zog, blieb eine Antwort hierauf aus.[432]

Nach Kassel

Der Kurfürst von Köln hatte Pappenheim in diesen Wochen mehrfach um militärischen Beistand gegen den Landgrafen von Hessen gebeten, da er diesem im Felde nicht gewachsen war. Hessen-Kassel zählte zu den eher unbeständigen schwedischen Verbündeten in dieser Region, obwohl es eines der ersten deutschen Länder war, welches Gustav Adolf Beistand angeboten hatte. Hessen-Kassel verfolgte eigene territoriale Interessen und kam den Forderungen des schwedischen Königs, einen Angriff in den Rücken Pappenheims zu unternehmen, nur widerwillig nach.

Die kaiserlichen Truppen überquerten am 3. Juni die Weser und zogen an deren westlichen Ufer nach Süden, indem sie weite Teile des niedersächsischen Kreises wieder den Protestanten preis gaben.[433]

Die Hessen hatten bereits Minden und Volckmersen besetzt, zogen sich jetzt aber ehrfurchtsvoll vor dem kaiserlich-ligistischen Feldmarschall zurück. Bei Volckmersen stieß Pappenheims Kavallerie mitten in eine ihrer überhastet abziehenden Wagenkolonnen und machte reiche Beute.[434]

Sein Korps fiel nun in Hessen ein und besetzte in schneller Folge Drengelburg, Witzenhausen, Allendorf und Eschwege, wo den Katholischen kleinere hessische Garnisonen in die Hände fielen. Pappenheim marschierte auf Kassel, doch die steilen Pässe am Lutherberg nördlich der Stadt wurden durch das regionale Landesaufgebot verteidigt. Zwar gelang es der kaiserlichen Vorhut die Hessen zurück unter die Festungswälle ihrer Hauptstadt zu treiben, doch hier empfing sie der Gegenstoß der entschlossenen Verteidiger. Oberst Kurt von Dallwig und sein Reiterregiment machten einen erfolgreichen Ausfall und trieben die Pappenheimer auf die Pässe zurück, wobei ihnen sechzig Gefangene und Kapitän Albrecht von Loe, Befehlshaber der Avantgarde, in die Hände fielen.[435] Pappenheim scheute eine Belagerung und ließ von der Stadt ab, sich nun dem Eichsfeld zuwendend.[436]

Hier besetzte er Heiligenstadt und Duderstadt und nahm dabei kleine hessische Garnisonen gefangen. Zusätzlich rückten seine Reiter in der Grafschaft Waldeck ein und zogen so einen Ring um Hessen-Kassel.[437]

Doch nun waren es die kaiserlichen Garnisonen, die vom Norden Kassels bis zu den Ausläufern der Rhön verstreut den überraschenden Angriffen der Hessen ausgesetzt waren. Ein protestantisches Kavalleriekorps unternahm einen Vorstoß auf Eschwege und Allendorf, welches die Reiter unbesetzt vorfanden. Auf ihrem Weitermarsch nach Witzhausen stießen sie auf sechs Kompanien Pappeneimer Infanterie, die sie in ihren Quartieren überraschen konnten. In einem kurzen Gefecht wurden 200 Katholische niedergehauen oder gefangen genommen. Außerdem konnten die Hessen 400 Pferde erbeuten.[438]

Pappenheim hatte bereits den Plan entworfen, sich den bisher kaum vom Krieg betroffenen, fruchtbaren Ebenen Thüringens zuzuwenden, als die Nachricht eintraf, dass die vereinigten schwedisch-lüneburgischen Truppen unter Herzog Georg und Feldmarschall Baudissin Paderborn erreicht hatten.[439] Wieder hieß es für die Pappenheimer ein besetztes Gebiet verlassen und sich einer mächtiger wirkenden Bedrohung zuzuwenden. Es war der Teufelskreis in diesem Krieg, den kein General zu durchbrechen scheinen konnte.

Die Katholischen plünderten die besetzten hessischen Gebiete gründlich aus und schafften ihre Beute nach Hameln. Da Eschwege nicht in der Lage war, die geforderten Lebensmittel zu stellen, wurden kurzerhand zwei Ratsherren als Geiseln fort geführt.[440]

In Lauerstellung vor Hildesheim

Der Herzog von Braunschweig-Lüneburg hatte Ende Mai, als die Pappenheimer in Hessen hausten, seine Rüstungen vollendet und war zusammen mit den Schweden unter Baudissin zunächst nach Hannover marschiert. Von hier aus brach er im Juni mit etwa 5.000 Mann nach Süden auf, um die Schlösser Callenberg und Steuerwald zu besetzen.[441] Auf Steuerberg und das nahegelegene Hildesheim setzte er seine Infanterie unter Oberst von Lohhausen, während er sich mit seinem Leibregiment und den Reitern Oberst Wettbergks nach Linderte im Dnistergebirge zuwandte. Von dort sandte er Späher nach Minden und Hameln. Der Herzog war sicher, dass Pappenheim Hildesheim entsetzen würde, aber er wusste nicht aus welcher Richtung sich dessen Truppen nähern würden.[442]

Tatsächlich bereitete sich der Feldmarschall in Hameln auf seinen nächsten Zug vor. Er ließ Lebensmittel in der Stadt sammeln und sandte ein größeres Kavalleriekorps unter dem ligistischen Oberstleutnant Lintelo gegen Schloss Steuerwald

430 *Vgl.: Theatrum Europaeum IV, S. 618; Heß: Pappenheim, S. 200.*

431 *Vgl.: Theatrum Europaeum IV, S. 618; Heß: Pappenheim, S. 200-201.*

432 *Vgl.: Theatrum Europaeum IV, S. 618; Heß: Pappenheim, S. 202-203.*

433 *Vgl.: Heß: Pappenheim, S. 203; Stadler: Pappenheim, S. 640-643.*

434 *Vgl.: Heß: Pappenheim, S. 203; Stadler: Pappenheim, S. 643.*

435 *Vgl.: Heß: Pappenheim, S. 203; Stadler: Pappenheim, S. 643.*

436 *Vgl.: Heß: Pappenheim, S. 203-204.*

437 *Vgl.: Stadler: Pappenheim, S. 643.*

438 *Vgl.: Heß: Pappenheim, S. 204.*

439 *Vgl.: Heß: Pappenheim, S.204.*

440 *Vgl.: Heß: Pappenheim, S. 204-205.*

441 *Vgl.: Heß: Pappenheim, S. 205; Stadler: Pappenheim, S. 644.*

442 *Vgl.: Heß: Pappenheim, S. 205-206; Stadler: Pappenheim, S. 644.*

aus. Dieser marschierte über Poppenburg nach Sarstedt. Herzog Georgs Späher berichteten ihm, dass Pappenheim seine Streitkräfte geteilt hatte und bereitete deswegen einen Überfall auf Lintelos Detachement vor.[443]

Ein Bauer hatte dem Herzog verraten, dass es südlich von Lintelos Stellung eine Furt gab, die die lüneburgischen Reiter mühelos überqueren konnten. Die protestantischen Truppen brachen am Abend des 20. Juni zu dieser Stelle auf. Doch die Regenfälle der voran gegangenen Tage hatten den Fluss anschwellen lassen. Herzog Georg testete persönlich die Tiefe des Gewässers aus, erreichte glücklich das andere Ufer und sofort folgten seine Reiter nach.[444]

Lintelos Kavallerie, die den beiden Regimentern des Herzogs zahlenmäßig überlegen war, machte Front nach Hildesheim und wurde von den plötzlich in ihrem Rücken auftauchenden Lüneburgern vollkommen überrascht. Die Masse der Kaiserlich-Ligistischen wurde niedergehauen und gefangen genommen. Oberstleutnant Lintelo entkam mit einem kümmerlichen Rest seines Korps nach Hameln.[445]

Herzog Georg war so froh über seinen ersten Sieg als schwedischer Waffengefährte, dass er dem Bauern, der ihm die taktisch günstige Furt gezeigt hatte, später von allen Abgaben befreien ließ und dem Reiter Barthold, der ihm als erstes über den Fluss gefolgt war, ein erbliches Lehen in Wettbergen überließ.[446]

Pappenheim schickte am 26. Juni ein weiteres starkes Reiterkorps bei Poll über die Weser. Dieser Verband vereinigte sich mit Truppen unter dem Grafen von Gronsfeld, der zur Verstärkung Pappenheims nach Norden geschickt worden war, und marschierte zurück nach Volckmersen, welches die nachrückenden Hessen wieder besetzt hatten. Die vier hier stationierten kaiserlichen Reiterkompanien waren von den Protestanten belagert worden und mussten nach langen Verhandlungen am 26. Juni die Waffen strecken. Als die Hessen jedoch am nächsten Tag vom Herannahen der Verstärkungen erfuhren, zogen sie sich auf einen bewaldeten Höhenrücken zurück. Es ist nicht ganz klar, ob die hessischen Befehlshaber den Hügel für besser zu verteidigen hielten oder von hier aus in der Nacht in die Stadt einrücken wollten.[447]

Die Pappenheimer griffen die Protestanten an und trieben sie in den Wald zurück. Ein hier befindlicher Flössergraben schnitt die Masse der Reiter ab. Zwei Drittel der hessischen Reiter wurde vollständig aufgerieben. 200 Mann fielen im Gefecht, ebenso viele gerieten in Gefangenschaft. Die Reste des Trupps zogen sich, nachdem sie einen Mörser und zwölf Kanonen aufgeben mussten, nach Kassel zurück. Die Kaiserlichen, die ebenfalls schwere Verluste erlitten hatten, besetzten Volckmersen.[448] Die Schlacht stellte einen wichtigen Sieg dar. Die hessischen Streitkräfte waren so arg erschüttert, dass Pappenheim sich wieder gegen Baudissin und Georg von Lüneburg wenden konnte.[449]

Der Feldmarschall folgte dem schwedisch-lüneburgischen Korps am 29. Juni nach und marschierte dann in das Stift Paderborn ein. Hier hatte er neue Truppen anwerben lassen, die er jetzt seiner Armee zuführte um endlich gegen Herzog Georg operieren zu können.[450]

In der gleichen Zeit taten sich die Garnisonen, die der Feldmarschall im Eichsfeld zurückgelassen hatte, mit rebellierenden Bauern zusammen und plünderten mehrere Dörfer. Ammern an der Unstrut wurde an vier Ecken angezündet und mit einem Großteil der Bevölkerung verbrannt.[451] Die Marodeure bildeten ein mobiles Korps, indem jeder Kürassier einen Bauern bei sich mit aufs Pferd nahm. Sie zogen durch das Gebiet der Reichsstadt Mühlhausen, zerstreuten die Thüringer Landwehr, plünderten weitere Dörfer und nahmen Schloss Ebeleben in der Grafschaft Schwarzenburg, dessen kleine Besatzung niedergehauen wurde. Aus der nahen Ortschaft entführten sie mehrere Frauen und zogen dann weiter.[452]

Pappenheim marschierte derweil nach Hildesheim. Am 3. Juli vereinte er all seine Truppen bei Polle. Von hier aus wandte sich der Feldmarschall gegen das von 1.400 Schweden und Lüneburgern unter Oberst Lars Kagge belagerte Schloss Callenberg. Graf von Gronsfeld sollte die Belagerer mit vier Reiterregimentern vertreiben. Gronsfeld war bereits bei Poppenburg über die Leine gegangen, wurde jedoch zu seiner größten Überraschung von Herzog Georg selbst angegriffen. Die Lüneburger Reiter drängten die Kaiserlichen über den Fluss zurück und machten die fünf Kornetts ihrer Nachhut vollständig nieder. Ihr Opfer brachte Gronsfeld allerdings Zeit die Brücken abtragen zu lassen und nach Hameln zurück zu kehren.[453]

Der Feldmarschall marschierte nun persönlich an der Spitze eines aus 3.500 Reitern und 10.000 Mann Fußvolk bestehenden Heeres nach Callenberg. Doch schon bei der Nachricht von den herannahenden Pappenheimern zogen sich die Protestanten auf Hildesheim zurück, wo sie jetzt all ihre Streitkräfte vereinigten. Die Kaiserlichen setzen am 9. Juli nach und schließlich standen sich beide Armeen durch einen schmalen Wasserlauf, der Innerste, getrennt gegenüber. Die Vorposten waren einander so nahe, dass sie ein andauerndes Musketenfeuer aufrecht erhielten. Georg hatte seine Truppen nach schwedischem Vorbild in sechs Brigaden geteilt, von denen er drei ins erste und zwei ins zweite Treffen seiner Schlachtordnung stellte. Eine blieb als Reserve in der Stadt. Mit den Schweden, die ihn verstärkt hatten, verfügte er über etwa 9.000 Mann, aber in gut zu verteidigenden Stellungen.[454]

Den Katholischen gelang es zwar die Moritzberger Vorstadt zu besetzen, die sie als Zentrum ihrer Stellung gut verschanzten, aber einen Angriff auf die Protestanten konnten sie ebenfalls nicht wagen. Georg hatte daraufhin seine Truppen umverteilen lassen. Hildesheim bildete dass stark verteidigte Zentrum, welches die beiden Flügel seiner Armee zusammenhielt, wobei der linke in vorteilhafter Weise durch das Schloss Steuerberg gedeckt wurde. Seine Kavallerie stand hinter der Stadt in Reserve.[455] So standen sich beide Armeen in einem Patt gegenüber.

Pappenheim fürchtete, dass Georg außergewöhnlich stark war, da er sich nicht wie bisher vor seinen Truppen zurück zog. Er beschränkte sich daher zunächst auf eine sporadische Beschießung der Stadt mit acht Kanonen, die auf dem Moritzberg aufgefahren wurden.[456]

Beide Heere belauerten sich, ohne an einen Angriff zu denken, der Herzog von Braunschweig-Lüneburg aus Respekt vor Pappenheim, die Kaiserlichen aus Achtung vor den guten

443 Vgl.: Heß: Pappenheim, S. 206.

444 Vgl.: Heß: Pappenheim, S. 206.

445 Vgl.: Heß: Pappenheim, S. 206-207.

446 Vgl.: Heß: Pappenheim, S. 207.

447 Vgl.: Heß: Pappenheim, S. 207-208; Stadler: Pappenheim, S. 645-646.

448 Vgl.: Stadler: Pappenheim, S. 646.

449 Vgl.: Stadler: Pappenheim, S. 646.

450 Vgl.: Heß: Pappenheim, S. 208.

451 Vgl.: Heß: Pappenheim, S. 208-209

452 Vgl.: Heß: Pappenheim, S. 209.

453 Vgl.: Heß: Pappenheim, S. 209.

454 Vgl.: Heß: Pappenheim, S. 210; Binder: Pappenheim, S. 121.

455 Vgl.: Heß: Pappenheim, S. 210; Stadler: Pappenheim, S. 646.

456 Vgl.: Heß: Pappenheim, S. 212.

Musketier.

Die Bildkunst des 17. Jahrhunderts ist sehr von niederländischen Malern dominiert, die Musketiere aus dem holländischen Raum zeigen, welche prächtige, federgeschmückte Hüte tragen.

Dieser kaiserliche Musketier beruht auf einer Federzeichnung im Heeresgeschichtlichen Museum zu Wien, die eine Schützenabteilung mit einfachen, schmucklosen Schlapphüten zeigt. Seine persönlichen Habseligkeiten trägt der Soldat in einem einfachen Leinensack auf dem Rücken.

Stellungen ihrer Gegner. Während sie in diesem Lauerzustand verharrten, setzte unter Pappenheims Truppen Unruhe ein, da der Sold ausblieb und die Nahrungsmittel knapp wurden.[457]

In dieser Notsituation kam es dem Feldmarschall zugute, dass der Kurfürst von Köln ihn verstärkt um militärischen Beistand bat. Er bot dem Feldmarschall 100.000 Taler und den Orden des Goldenen Vlies, wenn er endlich an den Rhein marschieren würde. Pappenheim beschloss daher die kleinen über Niedersachsen verteilten Garnisonen wieder zusammenzuziehen und nur Wolfenbüttel durch Truppen zu sichern, ehe er nach Westen abmarschierte.[458]

Die kaiserlich-ligistische Armee zog am 10. Juli von Hildesheim ab. Die Festung Callenberg wurde in den folgenden Tagen von den Schweden geschliffen.[459]

Die Belagerung von Maastricht

Der Kurfürst von Köln hatte Pappenheim zunächst um Hilfe gebeten, da ihm gemeldet worden war, eine schwedische Armee unter General Horn marschiere den Rhein hinauf. Pappenheim kam ihm daher mit 10 Regimentern Infanterie, die aber jedes nur etwa 400 Mann stark waren, sowie etwa 2.500 Reitern zu Hilfe.[460]

Nach seinem Abzug aus Norddeutschland vereinigten sich die kleinen thüringischen Fürsten, um ihre rebellierenden Bauern und die Pappenheimer Marodeure aus dem Eichsfeld zu verjagen. Dabei erhielten sie Unterstützung von hessischen Truppen.[461]

Pappenheim blieb nicht am Rhein, sondern marschierte von dort direkt nach Flandern ab. Durch die Operationen der Schweden in Franken und am mittleren Rheinabschnitt, waren die Spanier gezwungen worden, Truppen in diese Gegend zu verlegen. Diese Situation nutzten die Generalstaaten und starteten eine neue Offensive an ihren Grenzen. Maastricht war eine der bedeutendsten Festungen dieser Region und wurde nun durch Prinz Friedrich Heinrich von Oranien eingeschlossen. Zwei spanische Entsatzarmeen, die eine unter Gonzales Cordoba, die andere unter dem Marquese Santa Groce brachen zum Entsatz der Maastrichter Verteidiger auf. Trotzdem bat die spanische Statthalterin in Brüssel, die Infantin Isabella Clara Eugenia, den kaiserlichen Feldmarschall inständig seine Truppen zur weiteren Verstärkung der Katholischen heranzubringen. Dafür versprach sie seine Armee zwei Monate zu besolden. 500.000 Taler sollten Pappenheim dafür zur Verfügung gestellt werden.[462]

Was der Feldmarschall nicht erfuhr, war, dass Wallenstein ihn dringend darum bat von dem Zug nach Holland abzulassen. Der Friedländer bevorzugte einen Vorstoß dieses Korps nach Thüringen oder gar Magdeburg, um zu verhindern, dass die bei Nürnberg belagerten Schweden Gustav Adolfs Verstärkungen aus Norddeutschland an sich heran zogen. Der Zug Pappenheims nach Holland entlastete die Protestanten in Niedersachsen ganz erheblich und machte die Früchte eines blutigen Frühjahrs- und Sommerfeldzug zunichte. Aber die Botschaft Wallensteins an Pappenheim wurde Anfang August abgefangen und erreichte den Feldmarschall nie.[463] *„Ich bin des von Pappenheim sein guter Freund, aber dergleichen gefährliche und weit aussehende Indecencen kann ich nicht approbieren“*,[464] zürnte der Friedländer.

Trotzdem hatte Pappenheim ein grobes Bild von den militärischen Ereignissen in Franken. Dass er sich kurzzeitig vom deutschen Kriegsschauplatz abwandte, entsprach wohl auch seinem Wunsch, weiter unabhängig zu operieren,

Pappenheims Truppen waren inzwischen durch die Regimenter des Kölner Kurfürsten verstärkt worden. Dieser hatte sich von den Schweden einen neutralen Status ausgebeten, was jene ihm gewährten, wenn er seine Armee entlassen würde. Ferdinand dankte seine Regimenter ab und deren Befehlshaber Merode schloss sich Pappenheims Truppen an. Er zog aber nicht mit nach Holland, sondern blieb im Westphälischen, um Kurköln weiter gegen die Schweden Baudissins oder die Hessen zu verteidigen.[465]

Der Feldmarschall marschierte Ende Juli endlich über den Rhein, erpresste von der Stadt Dortmund sechs schwere Kanonen, von Aachen 96.000 Pfund Brot, 84.000 Pfund Fleisch und etliche Fässer Bier, von dem Städtchen Reuss 16.000 Taler und plünderte etliche kleinere Ortschaften. Am 1. August erreichte er Esloe.[466]

Die spanischen Truppen Cordobas hatten sich Ende Juli selbst in einer Art zögerlicher Gegenbelagerung den holländischen Laufgräben genähert, als am 12. August Pappenheim mit zwei Kavallerieregimentern vor dem Lager Wilhelm von Nassaus eintraf. Die Holländer vertrieben die Kaiserlichen jedoch durch intensives Geschützfeuer.[467]

Mit Hilfe der Truppen Santa Croces schlugen die Pappenheimer eine Brücke über die Maß, während Cordoba am 14. August einen größeren Angriff auf die holländischen Stellungen wagte, der jedoch abgeschmettert wurde.[468]

Am 16. August hatte die Armee des Feldmarschalls ihr eigenes Lager bezogen und brachte nun fünf schwere Geschütze gegen die Schanzen der Niederländer in Position, die sie bis zum Folgetag intensiv beschossen. Pappenheims Lager lehnte sich an den Ort Wyk an. Obwohl der Feldmarschall erwiesener Maßen kein Freund komplizierter Belagerungen war, musste er nun ein befestigtes Biwak mit Schanzen und Erdwällen errichten.[469]

Pappenheim und Cordoba konnten sich wenig füreinander erwärmen. Cordoba glaubte als dienstälterer General und zudem als Spanier den Gesamtbefehl übernehmen zu können. Doch Pappenheim war nicht von der Natur, sich unterzuordnen.[470]

Auch in der kaiserlich-ligistischen Armee herrschte Unmut. Die vielen Märsche demoralisierten Pappenheims Söldner, die den Sinn der ewigen Hin- und Hermärsche nicht erkannten und vor allem seit Wochen keinen Sold mehr erhalten hatten. Die Zahl der Desertationen nahm drastisch zu. Mit Mühe konnte Pappenheim eine Meuterei verhindern, indem er die letzten Groschen seiner Kriegskasse für einen Monatssold

457 *Vgl.: Binder: Pappenheim, S. 121.*

458 *Vgl.: Heß: Pappenheim, S. 213; Binder: Pappenheim, S. 122.*

459 *Vgl.: Stadler: Pappenheim, S. 646.*

460 *Vgl.: Heß: Pappenheim, S. 213-214. Hess spricht von 10 Regimentern, zu je maximal acht Kompanien mit 40 bis 60 Mann und 9 Reiterregimentern mit 6 bis 8 Standarten von 30 bis 50 Mann, was maximal 4.800 Infanteristen und 3.600 Reitern entspräche. Er beziffert dann jedoch die Zahl der Infanterie auf 10.000 Mann. Der oben angeführte Schätzwert scheint mir realistischer.*

461 *Vgl.: Heß: Pappenheim, S. 214.*

462 *Vgl.: Heß: Pappenheim, S. 215-216; Wittich: Pappenheim, S. 155.*

463 *Vgl.: Heß: Pappenheim, S. 214-215.*

464 *Zit.: Mann: Wallenstein, S. 833.*

465 *Vgl.: Heß: Pappenheim, S. 216.*

466 *Vgl.: Heß: Pappenheim, S. 217-218; Stadler: Pappenheim, S. 665.*

467 *Vgl.: Heß: Pappenheim, S. 218; Stadler: Pappenheim, S. 669.*

468 *Vgl.: Heß: Pappenheim, S. 218.*

469 *Vgl.: Heß: Pappenheim, S. 219-220.*

470 *Vgl.: Binder: Pappenheim, S. 123.*

zusammenkratzte und auszahlen ließ.[471] Die Meuterei stellte für viele Söldner im Dreißigjährigen Krieg die lukrativere Alternative zur Fahnenflucht dar. Denn mit dieser verwirkten sie ihren Anspruch auf ausstehende Löhne. Mit dem bewaffneten oder unbewaffneten Aufruhr machten sie lediglich auf ihre Notlage aufmerksam.[472]

Während er seine Soldaten notdürftig beruhigen konnte, gelang es Pappenheim nicht, sein Verhältnis zu Cordoba aufzubessern. Es kam zum Bruch zwischen beiden Generalen, welcher den Operationen gegen die Holländer allerdings nicht gut tat. Für den 17. August bereitete der Treuchtlinger einen Angriff auf die Schanzen der Belagerer vor und bat Cordoba um einen Entlastungsangriff an anderer Stelle. Der Feldmarschall wollte persönlich zwei Reiterregimenter in die Lager des Prinzen von Oranien, des Grafen von Nassau und des Herzogs von Bouillon vorführen. Die Infanterie sollte folgen und die übrige Kavallerie die Flanken decken. Pappenheim brauchte die Unterstützung der 16.000 Spanier, denn die hervorragend verschanzten Holländer waren ihm mit 24.000 Mann deutlich überlegen.[473]

Doch als die kaiserlichen Truppen vorrückten, schaute Cordoba von seinem Feldherrnhügel aus desinteressiert zu. Pappenheims Reiter und die Infanterie stürmten auf die feindlichen Gräben zu. Jeder Soldat trug ein Reisigbündel auf dem Kopf, welches in die Gräben geworfen werden sollte. Doch das heftige holländische Abwehrfeuer führte zu großen Verlusten. Ihre schweren Zwölfpfünder rissen teilweise mehrere Reiter auf einmal aus dem Sattel. Pappenheim selbst wurde von einer Falkonettkugel der Sattelknopf weggeschossen und er selbst leicht am Bauch gestreift.[474]

Trotzdem gelang es seiner Angriffsspitze die Gräben zu überwinden und die dahinterliegenden Stellungen zu stürmen. Mit Spitzhaken und Schaufeln begannen die Kaiserlichen die protestantischen Befestigungen auseinanderzunehmen. Doch dann verlor die Attacke in der hartnäckigen Gegenwehr der Oranier ihre Wucht. Die Niederländer führten Reserven nach vorn und wehrten den Angriff ab.[475]

Gegen Mittag erneuerte Pappenheim seine Attacke. Aber die Holländer, die von dem Zerwürfnis zwischen ihm und Cordoba erfahren hatten, konzentrierten ihre Aufmerksamkeit auf die kaiserlich-ligistischen Truppen und warfen sie bis zum Abend wieder von ihren Schanzen zurück. Die Verluste des Feldmarschalls waren enorm hoch. Er selbst war durch den Streifschuss nur leicht verwundet worden, aber etliche seiner hohen Offiziere, wie Lintelo, fielen im Kampf. Alles in allem verlor seine Armee 1.500 bis 2.000 Mann.[476]

Die Oranier starteten einen Gegenangriff mit Kavallerie, der jedoch seinerseits am Abwehrfeuer aus Pappenheims Lager scheiterte.[477]

Zutiefst gekränkt über die mangelnde Unterstützung der Spanier verließ Pappenheim am Tag darauf das katholische Heerlager und zog sich zum Rhein zurück. 800 Verwundete wurden nach Aachen gebracht. Vier Tage später fiel Maastricht.[478] Am 26. August beschloss der Feldmarschall das Land endgültig zu verlassen. Seine Armee war, auch in Folge erhöhter Desertationen, auf weniger als 7.000 Mann zusammengeschmolzen. Wütend zogen die Kaiserlichen nach Osten und machten angeblich auch nicht davor Halt, die katholischen Ortschaften zu plündern. Santa Croce bemühte sich darum, seine Truppen noch einmal mit Pappenheim zu vereinigen und ließ bei Stockheim eine Brücke über die Maaß schlagen. Doch als er erfuhr, dass Pappenheim nach Köln abmarschiert war, wurde die Brücke am 4. September wieder abgebrochen.[479]

Pappenheims niederländisches Unternehmen hatte seinen Ruf in den eigenen Reihen erheblich beschädigt. Wallenstein war enttäuscht, dass sein Vertrauter ihn nicht wie erhofft bei der Belagerung Nürnbergs unterstützte. Auch der Kölner Kurfürst sah sich betrogen. Hatte er ursprünglich um Unterstützung gebeten, um sein Land gegen die Schweden zu verteidigen, so musste er inzwischen mit ansehen, wie Baudissins Regimenter in Westfalen einfielen und auch Städte seines Kurfürstentums plünderten.[480] Gerüchten zufolge wollte Wallenstein, auf dessen Betreiben Pappenheim im Vorjahr zum Feldmarschall der kaiserlichen Armee ernannt worden war, ihn vor ein Kriegsgericht stellen lassen. Der Treuchtlinger hatte die Interessen vieler Reichsfürsten empfindlich vernachlässigt. Jetzt suchte Pappenheim nach Wiedergutmachung.[481]

Der Herzog von Braunschweig-Lüneburg

Noch andere Gründe mögen Pappenheim zu einem schnellen Rückzug aus Holland bewogen haben. Herzog Georg hatte die Abwesenheit der Katholischen genutzt und eine Reihe kleiner Städte im Braunschweigischen zurück erobert. Zusammen mit Baudissin zog er schließlich bis ins Eichsfeld, wo er Duderstadt besetzte. Dort befand sich ein wichtiges Magazin für Pappenheims Vorstöße nach Norddeutschland. Neben den 1.500 Kaiserlichen, die in der Stadt standen, hielten sich noch mehrere hundert der rebellierenden Eichsfelder Bauern in Duderstedt auf, die durch Georgs Truppen gnadenlos niedergemacht wurden.[482]

Nach diesem Erfolg wurde das protestantische Heer geteilt. Herzog Georg konzentrierte sich mit drei Brigaden auf die Belagerung Wolfenbüttels und Baudissin rückte mit drei weiteren Brigaden zur Beobachtung Pappenheims nach Westfalen. Vor Wolfenbüttel stießen weitere schwedische Regimenter zu Georg, dessen Heer so auf 7.000 Mann anwuchs. Die Stadt wurde dagegen nur von knapp 1.250 Kaiserlichen verteidigt.[483]

Baudissin marschierte auf Volckmarsen. Auf dem Weg dahin schlossen sich ihm drei hessische Regimenter an, die nach dem Abzug der Pappenheimer wieder die Weser hinab marschiert waren. Die kleine Stadt wurde nach dem Rückzug der kaiserlichen Garnison intensiv von den Hessen geplündert und niedergebrannt. Baudissin verschreckte mit dieser Taktik die umliegenden Ortschaften so sehr, dass ihm die Räte freiwillig die Tore öffnen ließen.[484]

471 *Vgl.: Heß: Pappenheim, S. 214.*

472 *Vgl.: Kaiser: Ausreiser und Meuterer, S. 56-57.*

473 *Vgl.: Heß: Pappenheim, S. 220.*

474 *Vgl.: Khevenhüller: Anales Fernandei II, S. 417; Stadler: Pappenheim, S. 670-671.*

475 *Vgl.: Khevenhüller: Anales Fernandei II, S. 417; Heß: Pappenheim, S. 220.*

476 *Vgl.: Heß: Pappenheim, S. 220-221; Binder: Pappenheim, S. 124.*

477 *Vgl.: Khevenhüller: Anales Fernandei II, S. 417-418; Heß: Pappenheim, S. 223.*

478 *Vgl.: Binder: Pappenheim, S. 124.*

479 *Vgl.: Heß: Pappenheim, S. 224-225; Stadler: Pappenheim, S. 685-686.*

480 *Vgl.: Heß: Pappenheim, S. 225-228; Stadler: Pappenheim, S. 673.*

481 *Vgl.: Wittich: Pappenheim, S. 155; Stadler: Pappenheim, S. 674.*

482 *Vgl.: Heß: Pappenheim, S. 228-229; Stadler: Pappenheim, S. 682-684.*

483 *Vgl.: Heß: Pappenheim, S. 229-230; Binder: Pappenheim, S. 125.*

484 *Vgl.: Heß: Pappenheim, S. 230.*

Nach seinem Abmarsch aus Holland rückte Pappenheim daher sofort zum Entsatz von Paderborn heran, welches nun von Baudissins Schweden belagert wurde. Da seine Truppen zu schwach für eine Feldschlacht waren, zogen sich die Regimenter des Generals nach Höxter zurück und verschanzten sich auf einem kleinen Hügel. Von hier wollten die Protestanten den Weitermarsch der Katholischen blockieren.[485]

Bei Brackel kam es zu einem ersten Zusammenstoß zwischen Pappenheims Vorhut, die vom Grafen Gronsfeld befehligt wurde, und schwedischer Kavallerie. Die Katholischen konnten zwar drei Standarten erobern, mussten aber schließlich unter Preisgabe dreier leichter Kanonen zurück weichen.[486]

Doch als Pappenheims Hauptmacht eintraf, standen 12.000 Katholische gegen 5.000 Schweden. Der Feldmarschall befahl Graf Gronsfeld mit einigen Regimentern die Weser zu überqueren und so das gegnerische Lager einzukreisen. Dann brachte er seine schweren Kanonen in Stellung und gab die Order das Feuer auf die Schanze zu eröffnen. Baudissin erkannte die Gefahr, in der er schwebte und beschloss sein Lager heimlich in der Nacht zu verlassen.[487]

Als die katholischen Truppen am nächsten Morgen in die verlassenen Stellungen einrückten, entschied sich Pappenheim sofort zu einer energischen Verfolgung des Gegners. Er schickte seine Reiterei aus, die die Nachhut der Schweden einholte und in einem kurzen, blutigen Gefecht 400 Söldner tötete oder gefangen nahm. Doch auch Baudissins Reiter erbeuteten drei pappenheimsche Standarten und brachten ihrem Gegner vergleichbar hohe Verluste bei.[488]

In dieser Situation machten sich bei den Protestanten alle Nachteile der Aufsplitterung ihrer Kräfte bemerkbar. Nachdem Georg vom Anmarsch Pappenheims erfahren hatte, beorderte er General Lohausen mit sieben Regimentern aus dem Wolfenbütteler Lager zur Unterstützung Baudissins. Doch nach seiner Niederlage bei Höxter hatte sich dieser auf Minden zurückziehen müssen, wodurch sich Pappenheim zwischen die beiden kleinen Armeen schieben konnte. Anstatt nach Wolfenbüttel zurückzukehren, bemühte sich Lohausen, seine Befehle zu befolgen und versuchte die Kaiserlichen in weitem Bogen südlich zu umgehen, sodass Pappenheim jetzt freie Wahl hatte, ob er sich gegen Minden, Wolfenbüttel, oder den Harz wenden wollte.[489]

Selbstverständlich drängte es den Feldmarschall danach die braunschweigische Residenz zu entsetzen. Am 26. September erschienen die Katholischen vor Hildesheim, welches sich drei Tage lang der Forderung zur Übergabe wiedersetzte, aber dann doch aus Angst vor Plünderungen seine Tore öffnete. Von hier ging der Zug nach Norden. Herzog Georg scheute erneut die offene Feldschlacht mit Pappenheim und hob die Belagerung Wolfenbüttels, welches bereits durch einige Reiter Graf Gronsfelds verstärkt worden war, wieder auf.[490]

485 *Vgl.: Heß: Pappenheim, S. 230; Binder: Pappenheim, S. 125.*

486 *Vgl.: Heß: Pappenheim, S. 230-231; Stadler: Pappenheim, S. 686.*

487 *Vgl.: Heß: Pappenheim, S. 231; Binder: Pappenheim, S. 125.*

488 *Vgl.: Heß: Pappenheim, S. 231-232; Binder: Pappenheim, S. 125; Stadler: Pappenheim, S. 687.*

489 *Vgl.: Heß: Pappenheim, S. 232; Stadler: Pappenheim, S. 688-689.*

490 *Vgl.: Binder: Pappenheim, S. 126.*

Nun, da er wieder fest in der braunschweigischen Residenz saß, bereitete Pappenheim die gleiche Art Krieg vor, die er im Frühjahr geführt hatte. Er plante Streifzüge gegen Hannover, doch dann erhielt er ganz andere Befehle.[491]

WALLENSTEIN UND GUSTAV ADOLF

Die Belagerung Nürnbergs

Der große Schwedenkönig hatte sich inzwischen in eine prekäre Lage begeben. Nach seinem Sieg bei Breitenfeld zog er nach Süddeutschland, drang bis an den Rhein vor und eroberte München. In seiner Verzweiflung berief der Kaiser Wallenstein zurück und beauftragte ihn mit der Aufstellung einer neuen Armee. Nachdem der Friedländer seine Truppen auf ihre volle Stärke gebracht hatte, beschloss er begrenzte Vorstöße nach Sachsen zu unternehmen, um Gustav Adolf aus Bayern herauszulocken.[492]

Dieser teilte daraufhin seine Armee und zog mit einem Teil nach Norden. Als seine Truppen Nürnberg erreicht hatten, erfuhr der Schwedenkönig, dass Wallenstein im Anmarsch auf die Reichsstadt war. Da Gustav Adolf vermeiden wollte, dass Nürnberg das Schicksal Magdeburgs teilen musste, entschied er sich die Stadt zu verteidigen. Die Kaiserlichen schlossen die Stadt ein und blockierten alle Zugangswege. Bis Mitte Juli war Nürnberg abgeschnitten.[493]

Gustav Adolf beorderte nun Verstärkungen aus allen Himmelsrichtungen zu sich, unter anderem aus Norddeutschland. Im August gelang es so einem größeren Heer unter dem Reichskanzler Oxenstierna Wallensteins Belagerungsring zu durchbrechen und die Reichsstadt zu erreichen.[494] Ein Angriff auf Wallensteins Belagerungsring nahe der Alten Veste wurde am 3. September von den Kaiserlichen blutig abgewiesen.[495]

Trotzdem gelang es den Schweden kurz darauf, sich von ihren Gegner zu lösen und nach Süden zu marschieren. Wallenstein wandte sich daraufhin wieder nach Sachsen und hoffte so seinen Gegner aus Bayern herauszulocken. Wenn Sachsen verloren ist, so ist auch Schweden verloren, ließ er Pappenheim in einem Brief erklären.[496] Diese Strategie ging auf, denn Kurfürst Johann Georg I. schickte wenig später einen Hilferuf nach dem anderen an Gustav Adolf.[497]

Ironischer Weise wandte sich der Schwedenkönig nach Norden, während der Friedländer auf Drängen des bayerischen Kurfürsten schon wieder nach Süden marschierte. Dafür versuchte er nun Pappenheims Armee aus Niedersachsen an sich zu ziehen.[498]

491 *Vgl.: Binder: Pappenheim, S. 126.*

492 *Vgl.: Mahr: Schlacht an der alten Veste, S. 147; Mann: Wallenstein, S. 810-814; Wedgwood: Dreißigjähriger Krieg, S. 281; Englund: Verwüstung, S. 149-150.*

493 *Vgl.: Mahr: Schlacht an der alten Veste, S. 147-148; Mann: Wallenstein, S. 814-819; Wedgwood: Dreißigjähriger Krieg, S. 282-283; Englund: Verwüstung, S. 150-152,*

494 *Vgl.: Mahr: Schlacht an der alten Veste, S. 148; Wedgwood: Dreißigjähriger Krieg, S. 281.*

495 *Vgl.: Mahr: Schlacht an der alten Veste, S. 150-153; Mann: Wallenstein, S. 825-826; Wedgwood: Dreißigjähriger Krieg, S. 281; Findeisen: Gustav Adolf, S. 236-249.*

496 *Vgl.: Brzezinsky: Lützen 1632, S. 28.*

497 *Vgl.: Wedgwood: Dreißigjähriger Krieg, S. 283; Kunath: Kursachsen, S. 107-110.*

498 *Vgl.: Wedgwood: Dreißigjähriger Krieg, S. 283-284.*

Im Bezug auf den Feldmarschall war der Friedländer im Herbst 1632 sehr verstimmt. Der Treuchtlinger löste sich nur ungern aus seinem unabhängigen Status. *„Auf Pappenheim ist kein datum zu machen“*,[499] zürnte Wallenstein, da er nicht wusste, ob und wann sich dessen Truppen ihm anschließen würden. Im September hatte er seinem Vertrauten sogar angedroht, ihn seines Kommandos zu entheben, wenn er nicht endlich in Thüringen einfiel und Merseburg bedrohen würde.[500] Andererseits war Pappenheims erfolgreiche Kriegsführung im Niedersächsischen Kreis ein Grund, warum Gustav Adolf sich entschloss, wieder nach Sachsen zu marschieren.[501]

An der Saale

Der kaiserliche Generalissimus wandte sich nun selbst der Messestadt Leipzig zu. Wenn er sich in den Besitz der fruchtbaren Landschaft bringen könnte, so bot sich die Gelegenheit die teuren Truppen aus den reichen sächsischen Vorratskammern zu speisen und in den dicht liegenden Städten für den Winter einzuquartieren. Außerdem stellte Leipzig einen strategisch hervorragenden Ausgangspunkt für neue Feldzüge im nächsten Jahr dar, ob nach Thüringen, Bayern oder Niedersachsen.[502]

Noch immer wussten Wallensteins Späher nicht, wo Pappenheim stand. Dieser war Anfang Oktober ins Eichsfeld gerückt und hatte Mühlhausen besetzt, ehe seine Armee Mitte des Monats überraschend vor Erfurt erschien und die Stadt belagerte. Die Katholischen forderten 20.000 Taler an Kontributionen, die ihnen die Stadträte verweigerten.[503] Mit seinem Einfall in Thüringen lenkte Pappenheim Gustav Adolfs Aufmerksamkeit vorerst in diesen Raum. Der König befahl Bernhard von Sachsen Weimar von Würzburg aus die Mainlinie zu sichern, sollte Pappenheim nach Schwaben marschieren. Gleichzeitig bereitete er selbst seinen Einfall in Thüringen vor. Bernhard besetzte die Pässe des Thüringer Waldes und verhinderte so, das Wallenstein, der noch bei Nürnberg stand, sich mit Pappenheim vereinigen konnte.[504]

Wallenstein konzentrierte seine Aufmerksamkeit auf Leipzig, welches durch Feldmarschall Holk belagert wurde, während Bernhard Erfurt entsetzte. In Arnstadt vereinigte sich Gustav Adolf mit dessen Korps und marschierte nach Leipzig, wo er sich für den Winter einrichten wollte.[505]

Pappenheims verstreute Truppen zogen nach Osten ab. Sie stürmten am 31. Oktober die kleine Wasserfestung von Heldrungen, als Gustav Adolfs Armee gerade Erfurt erreichte. Heldrungen war lediglich von 150 Soldaten der sächsischen Landesdefension besetzt, die von den katholischen Söldnern niedergemacht wurden.[506]

Pappenheim wich nun nach Nordosten zurück und vereinigte sich am 6. November mit Wallenstein, dessen Truppen Leipzig eingenommen hatten. Zusammen waren die kaiserlichen Truppen jetzt 26.000 Mann stark. Gustav Adolf verfügte dagegen nur über 16.000 Soldaten, mit denen er Anfang November vor Naumburg ein befestigtes Lager bezog. Von hier aus blockierte er einen möglichen kaiserlichen Vorstoß nach Thüringen, wie Pappenheim ihn Wallenstein unterbreitete.[507]

Wallensteins strategische Lage war schwierig. Zwar war er Gustav Adolf zahlenmäßig überlegen. Aber er wollte seine Truppen nicht vor Naumburg in eine neue Belagerung, ähnlich der vor Nürnberg verwickeln lassen. Außerdem marschierte Georg von Lüneburg, der weite Teile Braunschweigs zurück erobert hatte, die Elbe hinauf um sich mit den Truppen Johann Georgs zu vereinigen, mit dem er bereits ein Sonderbündnis geschlossen hatte.[508]

Wallenstein folgte zunächst Pappenheims Rat und versuchte sich nach Thüringen zu wenden, indem er auf Weißenfels vorrückte und von dort vorsichtig die Stellungen der Schweden im nahen Naumburg beobachtete. Da diese ihm ungewöhnlich stark erschienen, bat er Holk und Pappenheim um ihren Rat, die sich ebenfalls gegen einen Angriff aussprachen.[509]

Der Friedländer entschloss sich nach einer langen Besprechung dazu, in Lützen, südwestlich von Leipzig, sichere Quartiere zu beziehen und seine Armee aufzuteilen. Pappenheim sollte mit vier Kavallerie- und fünf Infanterieregimentern Halle besetzen. Von hier aus konnte er die Operationen Georgs im Auge behalten, der bereits das sächsische Wittenberg erreicht hatte. Außerdem war es ihm so auch möglich, wieder in den Harz oder gar bis Braunschweig vorzustoßen. Pappenheims Kolonne erreichte Halle am Nachmittag des 15. November.[510]

Die Aufspaltung der kaiserlichen Armee blieb Gustav Adolf nicht verborgen und eröffnete ihm nun seinerseits die Möglichkeit eines Angriffs auf Lützen. Während Pappenheim nach Halle marschierte, brachen die Schweden das Lager bei Naumburg ab und näherten sich Wallenstein. Als dessen Vorposten den anrückenden Feind bemerkten, ließ der Friedländer sofort einen Kurier zu Pappenheim schicken.

„Der feindt marschiert hereinwarths der herr lasse alles stehen und liegen undt incaminiere sich herzu mit allem volck und stücken auf das er morgen frue bey uns sich befünden kann. ich aber verbleibe hiermitt des herrn dienstwilliger AhzM [Albrecht Herzog zu Mecklenburg, Anm. d.A.]. *Lützen, den 15. Nov. Ao 1632. er ist schon an dem pas wo gestern der böse weg gewest ist.“*[511]

Besagter Pass ist eine kleine Geländesenke des Rippachtals, wo die kaiserlichen Vorposten die Schweden bis 16 Uhr aufhalten konnten. Die spätherbstliche Sonne senkte sich bereits, als sich die Kaiserlichen nach Lützen zurück zogen. Wallenstein hatte noch einen Tag gewonnen.[512]

499 *Zit.: Mann: Wallenstein, S. 833.*

500 *Heß: Pappenheim, S. 242.*

501 *Vgl.: Findeisen: Gustav Adolf, S. 264-265.*

502 *Vgl.: Mann: Wallenstein, S. 840; Kunath: Kursachsen, S. 110-113.*

503 *Vgl.: Sennewald: Das kursächsische Heer, S. 150.*

504 *Vgl.: Heß: Pappenheim, S. 242-247; Mann: Wallenstein, S. 840-841; Kunath: Kursachsen, S. 110; Stadler: Pappenheim, S. 716-717; Sennewald: Das kursächsische Heer, S. 150.*

505 *Vgl.: Wedgwood: Dreißigjähriger Krieg, S. 283-284.*

506 *Vgl.: Heß: Pappenheim, S. 247-248; Mann: Wallenstein, S. 842; Stadler: Pappenheim, S. 717-718; Sennewald: Das kursächsische Heer, S. 150*

507 *Vgl.: Heß: Pappenheim, S. 252-253; Mann: Wallenstein, S. 843; Stadler: Pappenheim, S. 718-719.*

508 *Vgl.: Heß: Pappenheim, S. 244-246; Kunath: Kursachsen, S. 113; Stadler: Pappenheim, S. 721.*

509 *Vgl.: Heß: Pappenheim, S. 256-257; Mann: Wallenstein, S. 843-844; Wolke: Schlacht bei Lützen, S. 62.*

510 *Vgl.: Heß: Pappenheim, S. 258-259; Mann: Wallenstein, S. 844-845; Kunath: Kursachsen, S. 113; Wolke: Schlacht bei Lützen, S. 62; Stadler: Pappenheim, S. 722-723.*

511 *Zit.: Mann: Wallenstein, S. 848. Das Original des Briefes liegt im Heeresgeschichtlichen Museum in Wien.*

512 *Vgl.: Heß: Pappenheim, S. 258-259; Mann: Wallenstein, S. 848; Wolke: Schlacht bei Lützen, S. 62.*

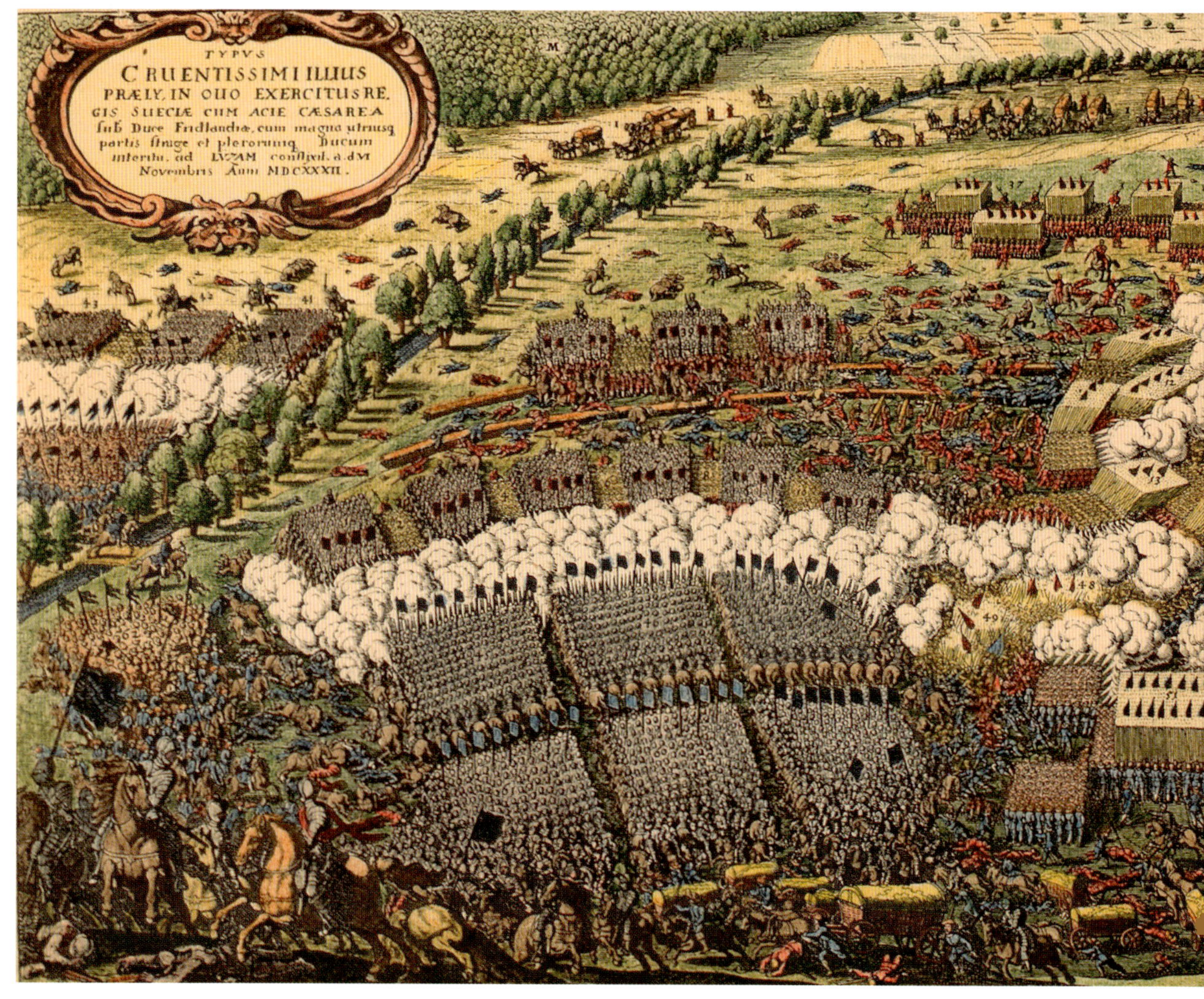

Matthäus Merian der Ältere, Schlacht bei Lützen 1632.
Am 16. November 1632 fand die Schlacht zwischen den Schweden unter Gustav Adolf und den Kaiserlichen unter Wallenstein statt. Kupferstich aus dem Theatrum Europaeum 1637 (AKG-Images)

Am späten Abend gegen 20 Uhr traf der Kurier des Generalissimus bei Pappenheim ein, der in der Moritzburg bei Halle sein Quartier genommen hatte. Seine Truppen, die den ganzen Tag marschiert hatten, kehrten wieder um. Nach Lützen.[513]

Tod zweier großer Soldaten - Die Schlacht bei Lützen

Da die Infanterie erschöpft war und die Artillerie nachts schwer über die schlechten Wege transportiert werden konnte, war Pappenheim zunächst nur mit seiner Reiterei ausgerückt und befahl dem Rest seines Heeres bei Tagesanbruch nachzufolgen.[514]

Früh am Morgen des 16. November 1632 verließ Pappenheims Kavallerie Halle. Die Infanterie sollte den Reitern folgen, würde jedoch für die gut vierzig Kilometer fast den ganzen Tag ohne Rast marschieren. Der Feldmarschall selbst befand sich an der Spitze seiner Reiter, in einer Rocktasche den Befehl seines Generalissimus.[515] Außerdem

513 *Vgl.: Heilmann: Kriegswesen, S. 372; Stadler: Pappenheim, S. 727-728.*

514 *Vgl.: Stadler: Pappenheim, S. 728.*

515 *Vgl.: Mann: Wallenstein, S. 850.*

Dieser Kupferstich zeigt leider eine völlig falsche Aufstellung der Kaiserlichen. Die Formierung großer Tercios mit „Bastionen" aus Musketenschützen hatte Wallenstein in dieser Schlacht bereits zugunsten flacherer Formationen geändert, ähnlich den schwedischen Brigaden.

befindet sich in Pappenheims Nachlass eine blutbefleckte Skizze der kaiserlichen Schlachtlinie, auf dem ihm der linke Flügel angewiesen wird. Diese soll nach neueren Erkenntnissen allerdings bereits im Lager von Weißenfels entstanden sein.[516]

Es war ein neblig kalter Herbsttag. Gegen 11 Uhr konnten die Reiter auf einmal das mächtige Brüllen von Geschützen hören. Die Schlacht bei Lützen war bereits in vollem Gange. Wallenstein hatte seine Armee hinter den Abwassergräben der Poststraße, die nach Leipzig führte, in einer gut gewählten Position aufmarschieren lassen. Seine Infanterie hatte die klassische Tercio-Formation aufgegeben und sich stattdessen in flachen Linien formiert, die nur noch zehn Glieder tief waren.[517]

Wallensteins rechte Flanke war durch das kleine Lützen gedeckt. Die linke sollte bis zum sogenannten Floßgraben reichen, den Holzfäller zum Transport von Baumstämmen nutzten. Doch dafür war die Zahl seiner Truppen zu gering. Pappenheims Korps musste diese Lücke füllen. Vorerst befand sich hier nur die irreguläre Kavallerie: Kroaten, Ungarn, Polen. Insgesamt verfügten die Kaiserlichen über 10.000 Infanteristen, 7.000 Kavalleristen und 23 schwere Kanonen.[518]

516 *Vgl.: Findeisen: Gustav Adolf, S. 286; Sennewald: Das kursächsische Heer, S. 156-158.*

517 *Vgl.: Sennwald: Das kursächsische Heer, S. 169; Wolke: Schlacht bei Lützen, S. 64; Mann: Wallenstein, S. 849-850.*

518 *Vgl.: Wolke: Schlacht bei Lützen, S. 64; Mann: Wallenstein, S. 849-850.*

Die schwedische Armee war während des Vormittags parallel zu dieser Stellung aufmarschiert. Sie verfügte über 8 2/3 Infanteriebrigaden mit etwa 12.800 Mann, 6.200 Reitern in 25 Schwadronen und 60 Geschütze, davon 40 der leichten Regimentskanonen.[519]

Unerklärlicherweise verzichtete Gustav Adolf darauf, Wallensteins Stellung einfach von der rechten Flanke her aufzurollen. Er erkannte aber, dass auch die schwach gedeckte Linke des Friedländers ihm eine günstige Chance zum Angriff bot. Seine Attacke brachte die Kaiserlichen unter Holk auch in arge Bedrängnis. Nach heftigen schwedischen Attacken breitete sich bereits Panik am linken Flügel Wallensteins aus. Die Musketiere des Zentrums verließen ihre Gräben, sodass die schwedische Reiterei die große Batterie angreifen konnte.[520]

In diesem kritischen Moment, etwa gegen 12 Uhr, traf Pappenheim mit den Kürassieren Sparrs, Bredows und Bönninghausens, Lamboys Arkebusieren und mehren Abteilungen Dragoner und Kroaten auf dem linken Flügel ein. Er selbst erkundigte sich nur, ob dies auch der Flügel sei, auf dem der schwedische König kommandierte. Legenden behaupten, Pappenheim habe geäußert, dass er gern sein Leben geben würde, wenn er Gustav Adolf persönlich töten könnte.[521] Der Feldmarschall ordnete die Lage, sammelte die irreguläre leichte Kavallerie und befahl dieser in seiner alten Manier um den rechten Flügel der Schweden herumzureiten und dem 2. Treffen des Gegners in die Flanke zu stoßen.[522]

Er selbst konzentrierte seine schweren Reiter, um mit einem wuchtigen Frontalangriff das sich im Kampfgewühl aufreibende erste schwedische Treffen zurückzuwerfen. Doch gleich zu Beginn der Attacke trafen ihn zwei Musketen- oder Pistolenkugeln in der Seite. Ein schwedischer Reiter machte sich Pappenheims Benommenheit zunutze und versuchte ihn gefangen zu nehmen. Der Trompeter Ehinger schoss den Gegner nieder und griff dem *„Schrammhans“* in die Zügel.[523] Aber gleich darauf schleuderte ihn eine Kugel aus einem der leichten Regimentsstücke des Gegners aus dem Sattel.[524] Das Geschoß riss Pappenheim die ganze linke Seite auf. Halb besinnungslos brachte ihn sein Trompeter nach hinten, zu einer nachgeführten Kutsche. Dass der teuer gerüstete Führer vom Feld gebracht wurde, blieb weder den Obersten, noch den einfachen Reitern verborgen. Panik erfasste die Pappenheimer. *„Pappenheim ist todt. Die Schlacht ist verloren“*,[525] ertönte es unter den Kaiserlichen. Der Choc brach auseinander und die Kavalleristen machten kehrt. *„Ach ihr Brüder, daß Gott erbarm! Ist denn keiner mehr, der für den Kaiser treulich fechten will“*,[526] soll ihr schwerverwundeter Kommandeur gekeucht haben, als er zu seiner Kutsche geführt wurde. Ihn soll der Kampfeswille noch nicht verlassen haben. *„Ist den kein Mensch vorhanden, der mir das Blut stillen kann?“*[527] Dass diese Sätze angesichts der schweren Verwundung so gesagt wurden, darf natürlich angezweifelt werden.

519 *Vgl.: Wolke: Schlacht bei Lützen, S. 64; Findeisen: Gustav Adolf, S. 284.*

520 *Vgl.: Wolke: Schlacht bei Lützen, S. 64; Mann: Wallenstein, S. 852-853.*

521 *Vgl.: Findeisen: Gustav Adolf, S. 287-288.*

522 *Vgl.: Wolke: Schlacht bei Lützen, S. 64-65; Mann: Wallenstein, S. 853; Stadler: Pappenheim, S. 731; Findeisen: Gustav Adolf, S. 287.*

523 *Vgl.: Stadler: Pappenheim, S. 731; Khevenhüller: Anales Fernandei II, S. 194.*

524 *Vgl.: Binder: Pappenheim, S. 135; andere, wie Stadler erwähnen diese Kugel nicht, vgl.: Stadler: Pappenheim, S. 731.*

525 *Zit.: Heilmann: Kriegswesen, S. 373.*

526 *Zit.: Mann: Wallenstein, S. 853.*

527 *Zit.: Mann: Wallenstein, S. 853.*

Doch war die stark blutende Wunde natürlich zu schwer. Ehinger legte ihn in seine Kutsche. Der Treuchtlinger nahm einen Ring von seinem Finger, küsste ihn und befahl dem Knappen diesen seiner Frau zu übergeben. Wallenstein sollte wissen, dass er für den katholischen Glauben gefallen war. Als letztes bat er seinen großen Gönner darum, für seine Witwe und die Kinder zu sorgen. Nachdem er Ehingers Hand geküsst hatte, wurde Pappenheim nach Leipzig abgefahren. In seiner Rocktasche befand sich immer noch der flehentliche Brief Wallensteins, nun von Blut befleckt.[528]

Fast zur gleichen Zeit wurde auch auf schwedischer Seite ein Reiter von der tödlichen Kugel getroffen. Gustav Adolf, der ein Kavallerieregiment in einen Entlastungsangriff führte, wurde von seinen Dragonern abgetrieben und getötet.[529]

Im Zentrum der Schweden machte sich Bestürzung breit, die jedoch nur kurzzeitig das blutige Ringen unterbrach. Entscheidender war das plötzliche Auftauchen der von Pappenheim ausgesandten Kroaten auf dem rechten Flügel des zweiten schwedischen Treffens. Die leichten Reiter fielen über schwedische Versorgungszüge her, ein Pulverwagen flog in die Luft. Der talentierte Bernhard von Weimar ordnete die schwedischen Reihen. Drei Regimenter mussten nach rechts geschickt werden, um die Kroaten zu vertreiben.[530]

Weimar war nicht nur ein hervorragender Soldat, sondern ein einfühlsamer Psychologe. Er nutzte den Tod des Schwedenkönigs, um seine Soldaten zur Vergeltung anzustacheln. Nachdem sich die Schlacht bisher auf den kaiserlichen linken Flügel konzentriert hatte, attackierte er nun Wallensteins geschwächte Rechte. Lützen stand längst in Flammen. Die Schlacht dauerte noch vier Stunden, doch die Schweden konnten die Kaiserlichen nicht entscheidend schlagen. Am Nachmittag traf Pappenheims Infanterie erschöpft vom langen Marsch auf dem Schlachtfeld ein. Sie hatte aber am Ausgang des Waffengangs keinen Anteil mehr.[531] In der Nacht zog Wallensteins Armee sich nach Osten zurück. Am nächsten Morgen folgte Bernhard von Weimar. Die Schweden, die später einen Sieg proklamierten, zogen sich allerdings nach Naumburg zurück.[532]

Pappenheim wurde auf die Pleißenburg nach Leipzig gebracht, wo er einige qualvolle Stunden verbrachte, immer wieder vor Schmerz *„Jesus Maria“* schreiend. Gegen 3 Uhr morgens am 17. November 1632 verstarb der kaiserlich-ligistische Feldmarschall an den Folgen seines starken Blutverlustes.[533]

528 *Vgl.: Khevenhüller: Anales Fernandei II, S. 195; Mann: Wallenstein, S. 853; Heß: Pappenheim, S. 298; Huf: Mit Gottes Segen in die Hölle, S. 288; Stadler: Pappenheim, S. 732; Findeisen: Gustav Adolf, S. 19-28.*

529 *Vgl.: Wolke: Schlacht bei Lützen, S. 65-68; Huf: Mit Gottes Segen in die Hölle, S. 288-291.*

530 *Vgl.: Wolke: Schlacht bei Lützen, S. 68; Huf: Mit Gottes Segen in die Hölle, S. 288.*

531 *Vgl.: Wolke: Schlacht bei Lützen, S. 68.*

532 *Vgl.: Mann: Wallenstein, S. 854-861; Huf: Mit Gottes Segen in die Hölle, S. 293.*

533 *Vgl.: Heß: Pappenheim, S. 299. Andere dagegen behaupten, Pappenheim wäre bereits auf der Fahrt nach Leipzig verstorben und nur auf der Pleißenburg aufgebahrt worden, vgl.: Stadler: Pappenheim, S. 732. auch: Findeisen: Dreißigjähriger Krieg, S. 283. Derselbe stützt sich aber in seiner Gustav-Adolf-Biografie auf Chronisten, die den Tod erst auf 7 Uhr datieren und behaupten, der Feldmarschall habe noch die Nachricht vom Tod des Schwedenkönigs erhalten, vgl.: Findeisen: Gustav Adolf, S. 288.*

Pappenheims Tod
Zeichnung aus dem 19. Jahrhundert

ERBEN UND NACHWELT

Der Friedländer zog sich nach Böhmen zurück. Hier nahe der Terra Felix, seinem eigenen Herzogtum, ließ sich die angeschlagene Armee einquartieren und kostengünstig mit Verpflegung und neuer Kleidung versorgen. Der tote Pappenheim wurde auf einem Wagen, der von mehreren Kerzen hell erleuchtet wurde, nach Prag gebracht, wo Wallenstein den Leichnam seines Freundes öffentlich ausstellen ließ, damit die Bevölkerung ihn betrauern konnte.[534]

Der Trompeter Ehinger reiste noch im Winter 1632/33 nach Treuchtlingen, um der Witwe Anna Elisabeth von den letzten Stunden ihres Mannes zu berichtigen.[535] Ursprünglich war es angedacht den Leichnam nach Salzburg zu überführen. Doch schließlich wurde dieser Plan fallengelassen und Pappenheim stattdessen im Frühjahr 1633 mit großem Pomp im Kloster Strahov bei Prag zur letzten Ruhe gebettet.[536]

Europa war gespalten, auch im Bezug auf Pappenheims Tod. Die katholischen Länder betrauerten ihn als großen Soldaten. Die Protestanten sahen in dem Feldmarschall noch mehr als in Tilly oder Wallenstein den Verheerer ihrer Lande und den Zerstörer Magdeburgs.[537]

Wallenstein hielt das Wort, das Pappenheim ihm im Moment seines Todes abgenommen hatte. Der Friedländer verwaltete das Erbe des Feldmarschalls als Kurator und versprach dieses gegen plötzlich auftauchende Erbschleicher zu verteidigen. Außerdem schickte er seiner Frau zur Tilgung der dringendst anfallenden Kosten 5.000 Taler.[538]

In Prag richtete Wallenstein aber auch die Fahnenflüchtigen, die nach Pappenheims Verwundung vom Lützener Schlachtfeld geflohen waren. Das Prager Blutgericht verurteile mehrere Offiziere zum Tode.[539]

Trotz seiner langen Dauer hat der Dreißigjährige Krieg nur ein Handvoll bedeutender Soldaten in der ersten Reihe hervorgebracht. Dazu zählen Gustav Adolf, Wallenstein, Tilly, Bernhard von Weimar und wohl auch Ernst von Mansfeld. Pappenheim war eine Figur der zweiten Reihe, obwohl er einige der genannten, wenigstens Mansfeld und Wallenstein, an militärischem Talent übertraf. Zwar führte er auch mehrfach nicht unbedeutende unabhängige Truppenkörper, etwa im italienischen Feldzug, oder dem Oberösterreichischen Bauernaufstand und in Niedersachsen, doch bei den entscheidenden Auseinandersetzungen war er stets ein Untergebener Tillys oder des Friedländers. Es war keine Frage des Talents, es war eine Frage der nie gegebenen Chancen. Pappenheim gewann etliche kleinere Schlachten und Gefechte, bei den großen und bedeutenden, wie dem Weißen Berg, Breitenfeld und Lützen war er nicht befehlsgebendes, sondern ausführendes Organ.

In dem 1632 in Norddeutschland geführten Feldzug zeigte der Feldherr all sein strategisches, taktisches und organisatorisches Geschick, indem er ihm weit überlegene Kräfte getrennt hielt, überlistete oder in offener Schlacht schlug. Der Feldzug zeigte aber auch, wie sehr Pappenheim dem Soldatenhandwerk verfallen war. Weder war er bereit seine einmal erlangte Selbstständigkeit aufzugeben, noch konnte er die Lage hier dauerhaft stabilisieren. Er schlug einen Gegner nach dem anderen, doch sobald er einem neuen Feind entgegen zog, rückte der alte nach und besetzte die eben von den Katholischen frei gemachten Gebiete. Diesen Kreislauf zu durchstoßen war Pappenheim nicht in der Lage. Der einzige Feldherr des Dreißigjährigen Krieges, der es verstand, mit strategischem Weitblick seine Truppen so zu manövrieren, dass sein Gegner zur Schlacht oder zu Verhandlungen gezwungen wurde, war Wallenstein. Dieser verfügte allerdings immer über das Hauptkontingent der kaiserlichen Armee. Pappenheim kommandierte nie mehr als ein kleines Korps.

Sein Tod bei Lützen erfolgte zu früh. Nach der Absetzung Wallensteins hätten die Chancen Pappenheims auf ein eigenes bedeutendes Kommando sehr gut gestanden. Aber er spielte in den Überlegungen der Intriganten damals bereits keine Rolle mehr.

Pappenheims Sohn erhielt 1639 von Maximilian ein eigenes Reiterregiment und erwies sich ebenfalls als talentierter Soldat. Er trat später in spanische Dienste über und wurde 1647 bei einem Duell tödlich verwundet.[540]

In einem Krieg, in dem oftmals Langsamkeit und übertriebene Vorsicht die Operationen bestimmten, fiel Pappenheim als energischer Führer auf. Dabei fehlte ihm jedoch auch manchmal die nötige Bedachtsamkeit.

Wenn auch nicht von seiner geschichtsprägenden Bedeutung, so kann er doch wenigstens durch seine militärischen Fähigkeiten zu den wichtigen Feldherren dieses Krieges gezählt werden.

534 *Vgl.: Heß: Pappenheim, S. 299-300; Kunath: Kursachsen, S. 120.*

535 *Vgl.: Stadler: Pappenheim, S. 741.*

536 *Vgl.: Stadler: Pappenheim, S. 742.*

537 *Vgl.: Wittich: Pappenheim, S. 158; Elsner: Magdeburg, S. 59-60.*

538 *Vgl.: Mann: Wallenstein, S. 874*

539 *Vgl.: Kaiser: Ausreiser und Meuterer, S. 60.*

540 *Vgl.: Stadler: Pappenheim, S. 744-754; Binder: Pappenheim, S. 72.*

QUELLEN

Khevenhüller, Franz Christoph: **Anales Fernandei**. Elffter Teil. Darinnen Königs und Kaysers Ferdinand, des Andern dieses Nahmens, Handlungen wegen glücklicher und unglücklicher Kriege in Deutschland, Kriegsbegebenheiten in Italien, Reformation in Böhmen, Schlesien und Mähren, dessen Standhaftigkeit in Widerwärtigkeit, dessen ältesten Sohnes Vermählung mit der Spanischen Prinzessin, und deren weitläufige Negotationen, und in Weg gelegte Schwürigkeiten, Wie auch Alle denckwürdige Geschichte, Geschäfte, Handlungen und Regierungen und Successionen aller christlichen Potentaten, auch des Türckischen und Persischen Reiches, Wie nicht weniger Der meisten Oesterreichischen vornehmen Ministern sonderbahre erzeigte Dienste wahrhaftig vom Anfang des Jahres 1628 bis zu Endes des 1631 Jahres beschrieben werden, Leipzig 1726 [zit.: Khevenhüller: Annales Fernandei].

Khevenhüller, Franz Christoph: **Anales Fernandei**. Zwölffter und letzter Theil. Darinnen Königs und Kaysers Ferdinand, des Andern dieses Nahmens, Handlungen wegen glücklicher und unglücklicher Kriege in Deutschland, Kriegsbegebenheiten in Italien, Reformation in Böhmen, Schlesien und Mähren, dessen Standhaftigkeit in Widerwärtigkeit, dessen ältesten Sohnes Vermählung mit der Spanischen Prinzessin, und deren weitläufige Negotationen, und in Weg gelegte Schwürigkeiten, Wie auch Alle denckwürdige Geschichte, Geschäfte, Handlungen und Regierungen und Successionen aller christlichen Potentaten, auch des Türckischen und Persischen Reiches, Wie nicht weniger Der meisten Oesterreichischen vornehmen Ministern sonderbahre erzeigte Dienste wahrhaftig vom Anfang des Jahres 1632 bis zu Endes des 1637 Jahres beschrieben werden, Leipzig 1726 [zit.: Khevenhüller: Annales Fernandei II].

Anmerkung: Die im folgenden aufgeführten Nummerierungen des Theatrum Europaeum unterscheiden lediglich die für das vorliegende Buch verwendeten Bände. Eine eigentliche Nummerierung dieses Quellenwerkes fällt schwer, da die einzelnen Bände in den neuen Aufflagen immer wieder ergänzt und abgeändert wurden.

Merian d. Ä., Matthäus, u.a. (Hrsg): **Theatrum Europaeum** oder Ausführliche und Wahrhaftige Beschreibung aller und jeder denckwürdigen Geschichten so hin und wieder fürnemblich in Europa; hernach auch an anderen Orthen der Welt, sowol im Religion= als Prophanwesen vom Jahr Christi 1617 bis auf das Jahr 1629, excl, Bey Regierung deren beyden Glorwürdigsten, Allerdurchleuchtigsten/ und unüberwinlichsten Römischen Kaisern/ Mathiä und Fernandi deß Andern, allerhöchstseeliger Gedächtnuss sich zugetragen, Frankfurt a.M. 1635 [zit.: Theatrum Europaeum I].

Merian d. Ä., Matthäus, u.a. (Hrsg): **Theatrum Europaeum** oder Ausführliche und Wahrhaftige Beschreibung aller und jeder denckwürdigen Geschichten so hin und wieder fürnemblich in Europa; hernach auch an anderen Orthen der Welt, sowol im Religion= als Prophanwesen vom Jahr Christi 1617 bis auf das Jahr 1629, excl, Bey Regierung deren beyden Glorwürdigsten, Allerdurchleuchtigsten/ und unüberwinlichsten Römischen Kaisern/ Mathiä und Fernandi deß Andern, allerhöchstseeliger Gedächtnuss sich zugetragen, Frankfurt a.M. 1646. [zit.: Theatrum Europaeum II].

Merian d. Ä., Matthäus, u.a. (Hrsg): **Theatrum Europaeum** oder Ausführliche und Wahrhaftige Beschreibung aller und jeder denckwürdigen Geschichten so hin und wieder fürnemblich in Europa; hernach auch an anderen Orthen der Welt, sowol im Religion= als Prophanwesen vom Jahr Christi 1617 bis auf das Jahr 1629, excl, Bey Regierung deren beyden Glorwürdigsten, Allerdurchleuchtigsten/ und unüberwinlichsten Römischen Kaisern/ Mathiä und Fernandi deß Andern, allerhöchstseeliger Gedächtnuss sich zugetragen, Frankfurt a.M. 1652 [zit.: Theatrum Europaeum III].

Merian d. Ä., Matthäus, u.a. (Hrsg): **Theatrum Europaeum** oder Ausführliche und Wahrhaftige Beschreibung aller und jeder denckwürdigen Geschichten so hin und wieder fürnemblich in Europa; hernach auch an anderen Orthen der Welt, sowol im Religion= als Prophanwesen vom Jahr Christi 1629 bis auf das Jahr 1633, excl, Bey Regierung deren beyden Glorwürdigsten, Allerdurchleuchtigsten/ und unüberwinlichsten Römischen Kaisern/ Mathiä und Fernandi deß Andern, allerhöchstseeliger Gedächtnuss sich zugetragen, Frankfurt a.M. 1646 [zit.: Theatrum Europaeum IV].

Peters, Jan (Hrsg.): **Peter Hagendorf**. Tagebuch eines Söldners aus dem Dreißigjährigen Krieg, Göttingen 2012 [zit.: Tagebuch Peter Hagendorf].

Anmerkung: Die als Theatrum Europaeum I-III zitierten Werke sind nicht die Bände I-III, sondern drei sich inhaltlich unterscheidende Versionen des Bandes I. Beim als Theatrum Europaeum IV zitierten Werk handelt es sich daher um den Band II.

LITERATUR

Albrecht, Dieter: **Maximilian I. von Bayern.** 1573-1651, München 1998 [zit.: Albrecht: Maximilian].

Binder, Franz: **Feldmarschall Pappenheim**. Der Schrammhans. Ein Lebensbild aus dem Dreißigjährigen Krieg. Für alt und jung dargestellt, Schaffhausen 1856 [zit.: Binder: Pappenheim].

Brnardic, Vladimir: **Imperial Armies oft he Thirty Years War 1. Infantry and Artillery**, London 2009 [zit.: Brnardic: Imperial Armies 2].

Brnardic, Vladimir: **Imperial Armies oft he Thirty Years War 2. Cavalry**, London 2010 [zit.: Brnardic: Imperial Armies 2].

Brzezinsky, Richard: **Lützen 1632**. Climax of the Thirty Years War, London 2001 [zit.: Brzezinsky: Lützen 1632].

Droysen, Gustav: **Die ersten Berichte von der Schlacht bei Breitenfeld**, in: Archiv für die sächsische Geschichte 7 (1869), S. 337-405 [zit.: Droysen: Berichte Breitenfeld].

Droysen, Gustav: **Das Auftreten Pappenheims in Norddeutschland**. Nach der Schlacht bei Breitenfeld, in: Zeitschrift für preußische Geschichte und Landeskunde 8 (1871), S. 401-428 [zit.: Droysen: Pappenheim in Norddeutschland].

Eickhoff, Sabine/ Schopper, Franz: **1636**. Ihre letzte Schlacht. Leben im Dreißigjährigen Krieg, Berlin 2012 [zit.: Eickhoff/ Schopper: 1636].

Elsner, Tobias von: **Magdeburg**. Opfer und Kriegsverbrechen, in: Junkelmann, Marcus (Hrsg.): „Der Du gelehrt hast meine Hände den Krieg". Tilly- Heiliger oder Kriegsverbrecher?, Alttötting 2007, S. 59-62 [zit.: Elsner: Magdeburg].

Englund, Peter: **Verwüstung**. Eine Geschichte des Dreißigjährigen Krieges, Berlin 2013 [zit.: Englund: Verwüstung].

Erbentraut, Regina: **Dass haus gystrau bawet der wallensteiner gaar fleissig uhm auff eiine sonderbare ardt**. Spuren einer Residenzbildung in Güstrow zwischen 1628-1631, in: in: Reichel, Maik/ Schuberth, Inger: Die Blut´ge Affair´ bei Lützen. Wallensteins Wende, Wettin-Löbejün 2012, S. 195-219 [zit.: Erbentraut: Dass haus gystrau].

Fiedler, Siegfried: **Taktik und Strategie der Landsknechte**. 1500-1650, Bonn 1985 [zit.: Fiedler: Taktik und Strategie].

Findeisen, Jörg-Peter: **Der Dreißigjährige Krieg**, Graz-Wien-Köln 1998 [zit.: Findeisen: Dreißigjähriger Krieg].

Findeisen, Jörg Peter: **Gustav Adolf von Schweden**. Der Eroberer aus dem Norden, Ulm 2005 [Findeisen: Gustav Adolf].

Heilmann, Johann: **Das Kriegswesen der Kaiserlichen und Schweden zur Zeit des dreißigjährigen Krieges mit besonderer Rücksichtnahme auf Aufbringung, Ergänzung, Unterhalt und Kriegszucht der Truppen, nebst den Schlachten bei Breitenfeld und Lützen**, Leipzig-Meißen 1850 [zit.: Heilmann: Kriegswesen].

Heß, Johann Eduard: **Gottfried Heinrich Graf zu Pappenheim**. Nach Geschichtsquellen bearbeitet, Leipzig 1855[zit.: Heß: Pappenheim].

Hroch, Miroslav: **Wallenstein als Landesherr in den Friedensjahren 1629-1630**, in: Reichel, Maik/ Schuberth, Inger: Die Blut´ge Affair´ bei Lützen. Wallensteins Wende, Wettin-Löbejün 2012, S. 181-187 [zit.: Hroch: Wallenstein als Landesherr].

Huf, Hans-Christian (Hrsg.): **Mit Gottes Segen in die Hölle**. Der Dreißigjährige Krieg, Berlin 2004 [zit.: Huf: Mit Gottes Segen].

Junkelman, Marcus: **Feldherr Maximilians: Johann Tserclaes Graf von Tilly**, in: Glaser, Hubert (Hrsg.): Um Glauben und Reich. Kurfürst Maximilian I., München 1980, S. 377-399 [zit.: Junkelmann: Tilly].

Kaiser, Michael: **Ausreiser und Meuterer im Dreißigjährigen Krieg**, in: Bröckling, Ulrich/ Sikora, Michael: Armeen und ihre Deserteure. Vernachlässigte Kapitel einer Militärgeschichte, Göttingen 1998, S. 49-71 [zit.: Kaiser: Ausreiser und Meuterer].

Kampmann, Christoph: **Europa und das Reich im dreißigjährigen Krieg**. Geschichte eines europäischen Konflikts, Stuttgart 2008 [zit.: Kampmann: Europa und das Reich].

Kodritzki, Christian: **Von Krieg zu Krieg**. Der Dreißigjährige Krieg in Süddeutschland und die Verbindung zur Republik Venedig, Offenbach 2010 [zit.: Kodritzki: Von Krieg zu Krieg].

Krause, Jürgen: **Vom bunten Rock zum Kampfanzug. Uniformentwicklung vom Dreißigjährigen Krieg bis zur Gegenwart**, Ingolstadt 1987 [zit.: Krause: Vom bunten Rock].

Krüssmann, Walter: **Ernst von Mansfeld (1580-1626)**. Grafensohn, Söldnerführer, Kriegsunternehmer gegen Habsburg im Dreißigjährigen Krieg, Berlin 2010 [zit.: Krüssmann: Ernst von Mansfeld].

Kunath, Christian: **Kursachsen im Dreißigjährigen Krieg**, Dresden 2010 [zit.: Kunath: Kursachsen].

Langer, Herbert: **Hortus Bellicus**. Der Dreißigjährige Krieg. Eine Kulturgeschichte, Leipzig 1980 [zit.: Langer: Hortus Bellicus].

Litschel, Rudolf Walter: **Oberösterreichische Bauernkriege aus wehrhistorischer Sicht**, in: Der oberösterreichische Bauernkrieg 1626. Ausstellung des Landes Oberösterreich im Linzer Schloß und im Schloss zu Scharnstein. 14. Mai bis 31. Oktober 1976, Linz 1976, S. 91-100 [zit.: Litschel: Oberösterreichische Bauernkriege].

Mahr, Helmut: **Die Schlacht an der alten Veste als „Vorspiel" zu Lützen**, in: Reichel, Maik/ Schuberth, Inger: Die Blut´ge Affair´ bei Lützen. Wallensteins Wende, Wettin-Löbejün 2012, S. 147-153 [zit.: Mahr: Schlacht an der alten Veste].

Mann, Golo: **Wallenstein**, Hamburg 2006 [zit.: Mann: Wallenstein].

Milger, Peter: **Gegen Land und Leute**. Der Dreißigjährige Krieg. Ursachen, Verlauf und Folgen erzählt anhand von teilweise unveröffentlichten Bildern, Augenzeugenberichten und Dokumenten, München 1998 [zit.: Milger: Land und Leute].

Müller, Heinrich/ Kölling, Hartmut: **Europäische Hieb- und Stichwaffen**, Berlin 1981 [zit.: Müller/ Kölling: Hieb- und Stichwaffen].

Olesen, Jens E.: **Der schwedische Machtstaat als Kriegsunternehmer 1620-1660**, in: Reichel, Maik/ Schuberth, Inger: Gustav Adolf. König von Schweden. Die Kraft der Erinnerung 1632-2007, Wettin 2007, S. 49-60 [zit.: Olesen: Der schwedische Machtstaat].

Olesen, Jens E.: **Wallenstein und Skandinavien**, in: Reichel, Maik/ Schuberth, Inger: Die Blut´ge Affair´ bei Lützen. Wallensteins Wende, Wettin-Löbejün 2012, S. 171-179 [zit.: Olesen: Wallenstein und Skandinavien].

Ortenburg, Georg: **Waffen der Landsknechte**. 1500-1650, Bonn 1984 [zit.: Ortenburg: Waffen der Landsknechte].

Rill, Bernd: **Tilly**. Feldherr für Kaiser und Reich, München 1984 [zit.: Rill: Tilly].

Roberts, Keith: **Pike and Shot Tactics**. 1590-1660, London 2012 [zit.: Roberts: Pike and Shot].

Schmidt, Georg: **Der dreißigjährige Krieg**, München 1995 [zit.: Schmidt: Dreißigjähriger Krieg].

Schultz, Uwe: **Richelieu**. Der Kardinal des Königs, München 2009 [zit.: Schultz: Richelieu].

Schwackenhofer, Hans: **Die Reichserbmarschälle, Grafen und Herren von und zu Pappenheim: zur Geschichte eines Reichsministerialengeschlechtes**, Treuchtlingen-Berlin 2002 [zit.: Schwackenhofer: Die Reichserbmarschälle].

Sennewald, Roland: **Das kursächsische Heer im Dreißigjährigen Krieg**, Berlin 2013 [zit.: Sennwald: Das kursächsische Heer].

Sennewald, Roland: **Die kursächsischen Feldzeichen im Dreißigjährigen Krieg**, Berlin 2013 [zit.: Sennewald: Feldzeichen].

Smid, Stefan: **Der tolle Halberstädter**. Christian von Braunschweig. Kriegsunternehmer, sein Heer und seine Feldzüge (Heere & Waffen 16), Berlin 2011 [zit.: Smid: Der tolle Halberstädter].

Stadler, Barbara: **Pappenheim und die Zeit des Dreißigjährigen Krieges**, Winterthur 1991 [zit.: Stadler: Pappenheim].

Sturmberger, Hans: **Der oberösterreichische Bauernkrieg von 1626 im Rahmen der Landesgeschichte**, in: Der oberösterreichische Bauernkrieg 1626. Ausstellung des Landes Oberösterreich im Linzer Schloß und im Schloss zu Scharnstein. 14. Mai bis 31. Oktober 1976, Linz 1976, S. 1-14. [zit.: Sturmberger: Der oberösterreichische Bauernkrieg].

Wagner, Eduard: **Ars bella gerendi Aus dem Soldatenleben im Dreißigjährigen Krieg**, Prag 1980 [*zit.: Wagner: Ars bella gerendi*].

Weber, Franz: **Gliederung und Einsatz des bayerischen Heeres im Dreißigjährigen Krieg**, in: Glaser, Hubert (Hrsg.): Um Glauben und Reich. Kurfürst Maximilian I., München 1980, S. 400-407 [zit.: Weber: Bayerisches Heer].

Wedgwood, Cicely Veronica: **Der Dreißigjährige Krieg**, München 1999 [zit.: Wedgwood: Dreißigjähriger Krieg].

Wittich, Karl: **Pappenheim**, Gottfried Heinrich, Graf von, in: Allgemeine Deutsche Biografie, Bd. 25, Leipzig 1887, S. 147-161 [zit.: Wittich: Pappenheim].

Wolke, Lars Ericson: **Die Schlacht bei Lützen**, in: Reichel, Maik/ Schuberth, Inger: Gustav Adolf. König von Schweden. Die Kraft der Erinnerung 1632-2007, Wettin 2007, S. 61-70 [zit.: Wolke: Schlacht bei Lützen].

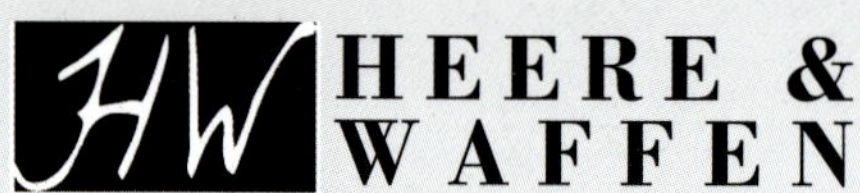

Stefan Smid (Text)
Sascha Lunyakov (Illustrationen)

Der Tolle Halberstädter

Christian von Braunschweig - Kriegsunternehmer, sein Heer und seine Feldzüge

Am 16. Juni 1626 starb Christian von Braunschweig in Wolfenbüttel. Katholische Quellen berichten, er sei wie Herodes gestorben. Seine inneren Organe seien von einem Riesenwurm zernagt worden. Sein Leben war mit dem Lauf eines Sterns, eines Kometen verglichen worden. Rastlos handelnd stieg er rasch auf. Und ebenso rasch erlosch sein Leben. Keine siebenundzwanzig Jahre hat er vollenden können.

Durchgehend farbig illustriert, viele Zeichnungen,
64 Seiten.

Paperback

Alexander Querengässer (Text)
Sascha Lunyakov (Illustrationen)

Armee Augusts des Starken im Nordischen Krieg

Der Große Nordische Krieg (1700-1721) zählt zu den bedeutsamsten militärischen Konflikten des 18. Jahrhunderts. August der Starke, Kurfürst von Sachsen und König von Polen, strebte danach ein starkes mitteleuropäisches Reich aufzubauen. Doch obwohl die sächsische Armee einen guten Ruf als moderne Armee genoss, musste sie gegen das belächelte schwedische Heer unter dem jungen König Karl XII. eine Reihe empfindlicher Niederlagen hinnehmen.

Der Band analysiert die Strukturen der sächsischen Armee während des Krieges. Die üblichen Rekrutierungsbedingungen und Lebensumstände eines frühneuzeitlichen Heeres werden ausführlich dargestellt, ebenso wie die Feldzüge und Schlachten, an denen die kursächsische Armee beteiligt war.

Durchgehend farbig illustriert, viele Zeichnungen und Karten,
64 Seiten.

Paperback

Alle Hefte aus der Reihe Heere & Waffen:

Heft 1 ~ Die Templer
Heft 2 ~ Hannibals Armee
Heft 3 ~ Die spanischen Guerillas
Heft 4 ~ Die US-Kavallerie, 1865-1890
Heft 5 ~ Die Langen Kerls
Heft 6 ~ Der Deutschorden
Heft 7 ~ Tannenberg 1410
Heft 8 ~ Die Armeen des Alten Orient
Heft 9 ~ Die Samurai der Sengoku-Zeit (Teil 1)
Heft 10 ~ Die Samurai der Sengoku-Zeit (Teil 2)
Heft 11 ~ Das Heer des Arminius
Heft 12 ~ Die Fahnen von Waterloo
Heft 13 ~ Die Sächsische Armee 1810-1813
Heft 14 ~ Das Heer des Varus (Teil 1)
Heft 17 ~ Das Heer des Varus (Teil 2)
Heft 15 ~ Die Bayerische Armee 1806-1813
Heft 16 ~ Der Tolle Halberstädter
Heft 18 ~ Die etatmäßigen Dienstgrade und Dienststellungen in der französischen Armee 1804-1815
Heft 19 ~ Das fränkische Heer der Merowingerzeit (Teil 1)
Heft 20 ~ Das fränkische Heer der Merowingerzeit (Teil 2)
Heft 22 ~ Das fränkische Heer der Merowingerzeit (Teil 3) In Vorbereitung
Heft 28 ~ Das fränkische Heer der Merowingerzeit (Teil 4) In Vorbereitung
Heft 21 ~ Die Armee Augusts des Starken im Nordischen Krieg
Heft 23 ~ Feldmarschall Pappenheim
Heft 24 ~ Die Streitkräfte Schleswig-Holsteins während der Erhebung 1848-1850
Heft 25 ~ Die Heere der Hussiten (Teil 1)
Heft 26 ~ Die Heere der Hussiten (Teil 2)
Heft 27 ~ Der preußische Infanterist im badischen Feldzuge 1849
Heft 29 ~ Der Deutsche Orden im Dreizehnjährigen Krieg 1454-1466
Heft 30 ~ Die Burgunderkriege
Heft 31 ~ Die Heere des Schmalkaldischen Krieges
Heft 32 ~ Die Ennetbirgischen Feldzüge
Heft 33 ~ Böckler- und Löwlerkrieg

Die Hefte erhalten Sie bei BERLINER ZINNFIGUREN, Knesebeckstr. 88, 10623 Berlin ~ www.zinnfigur.com
oder im gut sortierten Buchhandel.